고려시대 경남 사람들

내 손 안의 경남 *011*

고려시대 경남 사람들

초판 1쇄 발행 2019년 2월 28일

저　자 _ 김광철·남재우·배상현·신은제·안순형·이종봉·최연주
펴낸이 _ 윤관백
편　집 _ 박애리 ▌표　지 _ 박애리 ▌영　업 _ 김현주
펴낸곳 _ 도서출판 선인 ▌인　쇄 _ 대덕문화사 ▌제　본 _ 바다제책
등　록 _ 제5-77호(1998.11.4)
주　소 _ 서울시 마포구 마포동 324-1 곳마루 B/D 1층
전　화 _ 02)718-6252/6257 ▌팩　스 _ 02)718-6253
E-mail _ sunin72@chol.com
정　가 15,000원

ISBN 979-11-6068-250-2　04900
ISBN 978-89-5933-373-8　(세트)

내 손 안의 경남 011

고려시대
경남 사람들

김광철·남재우·배상현·신은제
안순형·이종봉·최연주

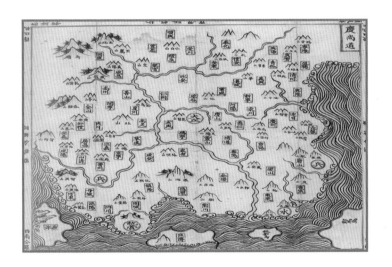

도서출판 선인

고려건국 1100주년이 되었다. 고려시대의 경남지역도 다른 지역과 마찬가지로 신라말기에 지방호족들이 등장했고, 고려에 편입되었다. 고려시기 경남은 고려사회 발전 과정에서 중요한 역할을 담당했으며, 고려를 이끌어간 많은 인재를 배출하기도 했다.

고려건국 1100주년을 보내면서 경남지역의 고려시대 인물을 재조명하여, 경남의 역사를 되돌아보는 것도 의미있는 일이다. 이에 『고려사』 열전에 실려 있는 경남의 인물들을 중심으로 고려시대 경남 인물사를 서술하고자 한다.

인물 선정의 공간적 범위는 현 경상남도 행정구역으로 설정했다. 부산시의 경우 1963년 이전, 울산시의 경우 1997년 이전까지만 하여도 경상남도 권역이었다. 그래서 고려시대 군현으로 부산의 동래현과 동평현, 기장현, 울산의 울주군과 언양현이 있었다. 하지만 현 경남 권역에서 벗어나 있어 제외하였다.

고려시대 경남 출신이거나(본관을 포함한다), 경남에서 활동한 것으로 확인되는 인물 가운데, 고려시대 각 시기 경남 지역사회의 모습을 잘 드러낼 수 있는 인물을 선정했다. 『신증동국여지승람』 인물조와 효자·열녀조에 실려 있는 인물 가운데, 『고려사』 열전에 실려 있는 인물을 우선 그 대상으로 삼았다.

문헌조사와 현장조사를 통하여 청소년과 일반인이 쉽게 읽을 수 있도록 서술하려고 노력했다. 쉬운 글을 쓰는 것이 쉽지 않았다.

그래서 이해를 돕기 위해 인물들과 관련있는 그림 등을 많이 넣으려 애썼다. 그 또한 자료가 풍부하지 않아 아쉬웠다.

하지만 고려시대 경남지역 인물들의 행적과 활동을 보여줌으로써 그들의 삶의 경험을 통해, 현재의 경남지역이 좀 더 정의롭고 사람이 살만한 세상으로 변화하는데 조금이라도 기여할 수 있을 것이라 생각한다.

이 책의 저술에 참여해 주신 필자들께 고마움을 전한다. 특히 김광철선생님께서는 인물 선정을 비롯하여 체제 구성 등 여러 가지로 도움을 주셨다. 사진자료 수집과 교열 등을 맡아준 안홍좌 선생에게도 고마움을 전한다.

2019. 2. 28.
창원대학교 경남학연구센터
남 재 우

고려시대 경남 사람들

I. 고려시대 경남의 성씨와 인물_김광철 · · · · · · 9
　　고려시대 경남에는 어떤 성씨가 있었을까? · · · · · · 10
　　경남지역 성씨는 어떻게 분화되었나 · · · · · · · 14
　　고을마다 벼슬하는 사람들이 나오다 · · · · · · · 16
　　효자와 열녀도 나오고 · · · · · · · · · · 20

II. 성주와 장군으로 고려를 열다 · · · · · · · · 23
　　해상무역으로 후당과 통교한 왕봉규(王逢規)_배상현 　24
　　김해의 지방세력가 김인광(金仁匡)과 소충자(蘇忠子)
　　　·소율희(蘇律熙) 형제_김광철 　　　　　　　　 34

III. 거란 침입을 막아내다 · · · · · · · · · · 47
　　거란의 귀화 요청을 거부한 영원한 충신 하공진(河拱振)_최연주 · · 48
　　거란을 물리치다, 귀주대첩의 주역 강민첨(姜民瞻)_김광철 　57

IV. 유학의 진흥, 유교 지식인으로 살기 · · · · · · 73
　　초계 출신의 유학자, 정배걸(鄭倍傑)_이종봉 　74
　　난세(亂世)의 선비, 박의중(朴宜中)_신은제 　81

V. 왕사도 되고, 대장경도 만들고 · · · · · · · · 89
　　승속(僧俗)을 넘나든 단속사의 승려, 탄연(坦然)_안순형 · · · · 90
　　현실을 고뇌한 유불학(儒佛學) 지식인, 정안(鄭晏)_최연주 　99

VI. 농민항쟁의 지도자, 그리고 왜구의 칼날 앞에서도
　　당당했던 여인들 · · · · · · · · · · · · 111
　　고려사회의 변혁을 도모한, 김사미(金沙彌)_이종봉 · · · 112
　　아버지 원수 갚으려 왜구에 저항한 신사천(辛斯蕆)의 딸 신씨_김광철 · · 120
　　왜구의 칼날 앞에 절개 지킨 정만(鄭滿)의 처 최씨_김광철 · · · · 127

6

Ⅶ. 원간섭기, 개혁을 외치다 · · · · · · · · · · 133

충선왕의 충신, 허유전(許有全)_신은제 · · · · · 134
청백리, 치암(恥菴) 박충좌(朴忠佐)_안순형 · · · · · · · 141
최후의 측근, 신돈(辛旽)_신은제 · · · · · · · · 150

Ⅷ. 왕도 지키고 지역도 살리고 · · · · · · · · · · 161

네 차례 일등공신에 책봉된 목인길(睦仁吉)_최연주 · · · · · 162
왕권 확립을 위해 공민왕과 우왕을 섬겼던 김유(金庾)_최연주 · · 169
고려판 노블레스 오블리주의 실천, 윤환(尹桓)_김광철 · · · · 175
가장 먼저 원나라에 맞선 고려의 관리, 정지상(鄭之祥)_신은제 · · 184

Ⅸ. 농업도 발전시키고 주자가례도 보급하고 · · · · · · 191

고려후기 사회를 변화시킨, 행촌(杏村) 이암(李嵒)_이종봉 · · · 192
고려말 주자성리학(朱子性理學)을 실천한 정습인(鄭習仁)_배상현 · · 206
정절의 논란 속에서 면화를 꽃피운, 문익점(文益漸)_안순형 · · 216

Ⅹ. 홍건적과 왜구 물리쳐 삶의 터전 지키다 · · · · · · · 225

백척간두에서 고려를 구한 이방실(李芳實)_이종봉 · · · · · · 226
대마도 정벌의 명장, 박위(朴葳)_김광철 · · · · · · · 238
원나라 황제도 인정한 신궁(神弓), 황상(黃裳)_안순형 · · · · · 253

Ⅺ. 고려에 남은 사람, 조선을 세운 사람 · · · · · · · 261

고려를 지키려(?)했던 조민수(曺敏修)_남재우 · · · · · 262
영원한 고려인, 절의(節義) 선비 이오(李午)_배상현 · · · · · 272
조선 개국의 선봉장, 남은(南誾)_남재우 · · · · · · · 281

I

고려시대 경남의 성씨와 인물 _김광철

고려시대 경남에는 어떤 성씨가 있었을까?
경남지역 성씨는 어떻게 분화되었나
고을마다 벼슬하는 사람들이 나오다
효자와 열녀도 나오고

Ⅰ. 고려시대 경남의 성씨와 인물

고려시대 경남에는 어떤 성씨가 있었을까?

조선초기 인문 지리책인 『경상도지리지』(1425)와 『세종
실록지리지』(1454)에는 전국의 고을 별로 성씨를 소개하고
있는데, 성씨의 종류는 토성(土姓)·망성(亡姓)·내성(來姓)·속
성(續姓)·촌성(村姓) 등으로 분류하여 기록하고 있다. 토성
(土姓)이란 해당 군현의 토착 성씨를 일컫는 것으로, 고려초
기 이래 성씨 관계자료에 기재되어 있었고, 지리지 편찬 당
시까지도 해당 고을에 살고 있는 성씨를 지칭한 것이다. 한
편, '토(土)'는 지역·지연의 상징인 본관(本貫)을 뜻하는 것이
고 '성(姓)'은 혈연의 성씨를 의미한다는 점에서 토성은 본관
과 성씨를 합쳐 부른 것이기도 하다.

망성은 고려시대의 성씨관계 문헌에는 기재되어 있으나
15세기 지리지 편찬 당시에는 이미 없어진 성씨를 말한다.
망성의 발생 배경은 자연적으로 족세가 쇠미하여 후손이 단
절되었거나, 급격한 정치적 사회적인 변동으로 말미암아 몰
락한 경우이다. 특히 장기간의 전쟁 상태는 토성의 몰락을
가져왔다. 여몽전쟁 시기 직접적 전쟁으로 촌락이 파괴되
고, 사민입보(徙民入保)책에 따라 대거 주민 이동이 일어나면
서 토성층의 변화도 수반되었다. 경기도, 강원도, 황해도
등 고려시대 근기(近畿) 지역에서 망성이 많이 발생하는 까닭

도 이 때문이다.

내성이나 속성은 모두 다른 지방에서 옮겨와 토착하게 된 성씨인데, 속성의 경우는 고려시대의 성씨관계 문헌에는 확인되지 않다가 조선초 지리지 편찬 당시에 각 도의 보고서에 기재된 성씨를 말한다. 촌성은 촌락에 자리잡았던 성씨로 인리성(人吏姓), 백성성(百姓姓) 등과 마찬가지로 토성으로서의 성격을 지니고 있다. 『경상도지리지』와 『세종실록지리지』에 수록된 경남지역 일반 군현의 성씨는 다음 표와 같다.

군현명		성 씨				
주현	속현	토성	망성	내성	속성	촌성
금주		김, 허, 배, 손, 송, 유(庾)		정(鄭), 맹		
	웅신현	서, 주(州), 유(劉)		김		
	완포현	전(田)				
	의안군	공(孔), 황, 박, 현		김, 허, 정(鄭)		정(丁), 구(仇)
	합포현	감, 유(俞), 정(鄭), 현		김, 문		제(諸)
	함안군	이, 조(趙), 채, 윤, 유(劉), 정(鄭)		최, 김	강(姜)	
	칠원현	김, 윤, 정(丁)				
	구산현	제				
양주		김, 이, 박, 정(鄭), 한, 방(房), 조(曺)		진(陣)		
밀성군		손, 박, 변(卞), 김, 조(趙), 변(邊), 양(楊)		윤, 이, 최, 조(曺)		당(唐)
	수산현	서		박, 변(卞), 손		
	창녕군	장(張), 성, 정(鄭), 조(曺), 하, 표		최, 변(卞)		
	영산현	신(辛), 문, 전(全), 채		박		
	계성현	서, 석(石), 진(陳)	전(田), 신(申)	이		
진주목		정(鄭), 하, 강(姜), 소(蘇), 유(柳), 임(任), 강(康)				김, 박

11

	악양현	도(陶), 오, 임(任), 손, 박				
	영선현	임(林), 임(任), 양(陽)				
	반성현	옥, 성, 형(邢), 주(周)			김	
	흥선현					
	강성군	문, 송, 여(呂), 이		하	주(周), 김, 탁	
	하동군	정(鄭), 곽, 이, 하				
	사주	이, 황, 오, 목(睦)		정(鄭)	강(姜), 김	
	진해현	김, 조(曺), 성, 신(申)		하, 이	정(鄭)	
	곤명현	유(俞), 전(全), 문, 현, 백		강(康), 유(柳), 조(趙)		
	의령현	남(南), 심, 여(余), 옥			임(林), 김, 강(姜)	
합주		이, 방(方), 송				
	야로현	송, 정(鄭), 윤, 박				
	삼기현	박, 염(廉), 오, 조(曺), 공(公)				
	가수현	이, 노(魯), 박, 삼(森)				
	산음현	윤, 서, 조(曺), 심, 여(余)		송, 진(陳)	최, 양(楊)	
	단계현	이, 하, 서, 여(余), 사(史), 송				
	감음현	공(孔), 황, 서문(西門), 서		이		
	이안현	조(曺), 임(林), 김, 표, 하				
	신번현	진(陳), 서, 임(任), 석(石), 오			김	
	초계현	정(鄭), 주(周), 변(卞)				
	거창현	유(劉), 정(丁), 장(章), 신(愼), 주(朱)		최		
	가조현	사(史), 조(曺), 갈, 유(劉), 신(辛)				
	함양현	여(呂), 오, 서, 박, 조(曺)			이	
고성현		이, 채, 박, 김, 남		등(登), 주(珠), 오		
남해현		배, 김, 진(陳), 백, 제				
	난포현	정(鄭), 박				고
	평산현	조(趙), 배, 백	조(曺)			

거제현		정(鄭), 반, 박, 윤		나	신(辛), 이	박, 백, 손, 조
	아주현	신(申), 문, 갈, 조(曺)				
	송변현	박, 손				
	명진현	임(任), 조(曺), 한, 허, 하			신(申)	
8	38	240(46)	7(4)	38(1)	25(4)	9

*( )는 향·소·부곡의 성씨 개수

　고려시대 경남지역의 고을 수는 지방관이 파견되는 고을인 주읍이 8개, 지방관이 파견되지 않는 속읍이 38개로 모두 46개 고을인데, 이들 고을의 성씨는 토성이 압도적이고 내성, 속성, 망성 순이다. 망성의 비중이 다른 지역에 비해 낮은 것도 그 특징의 하나이다. 경남지역의 망성은 주로 향·소·부곡 등 부곡제 지역에서 발생했고, 일반 군현에서는 밀성군의 속현인 계성현과 남해현의 속현인 평산현에서만 망성이 발생했다.

　위의 성씨표에서 보이듯이 고려시대 경남지역에는 토성 240개, 망성 7개, 촌성 9개 등 모두 256개 성씨가 자리잡고 있었다. 이 가운데 34 곳 향·소·부곡의 50개 성씨를 제외하면 경남 지역 일반 군현의 성씨는 206개 정도이다. 내성과 속성 63개 성씨 가운데 일부는 고려시대 경남 지역으로 이주하여 정착한 성씨가 있을 터이지만 대부분 지리지 편찬 당시 확인된 성씨들이라서 고려시대 경남지역의 성씨로 보는 데는 제약이 있다.

　고려시대 경남지역 46개의 군현의 206개 성씨는 군현 평균 4개 이상의 성씨를 보유하고 있던 추세를 보여주고 있다. 주읍의 경우 합주를 제외하면 5개 이상의 성씨가 분포되어 있었고, 함안, 창녕, 단계 등은 주읍은 아니었지만 6개 이상의 토성이 자리잡고 있었다. 부곡제 지역에도 성씨가 자리잡고 있어서 고성현의 15개 부곡제 지역에는 1개 이상의 성씨가 분포되어 있었다.

경남지역 성씨는 어떻게 분화되었나

고려시대 재지세력인 토성층은 형성된 시기부터 끊임없이 분화하고 있었다. 토성의 분화는 세 가지 측면에서 살필 수 있다. 하나는 토성의 지위를 상실한 경우, 토성의 이동, 토성 내에서 이족(吏族)과 사족(士族)의 분화 등이 그것이다.

토성이 몰락하면 망성(亡姓)이 되는데, 고려시대 경남지역의 망성 비율은 높지 않다. 밀성군 두야보부곡의 백(白)·노(魯), 밀성군 속현 계성현의 전(田)·신(申), 감음현 가을산소의 송(宋), 초계현 대여곡소의 표(表), 남해현 속현 평산현의 조(曺)씨 등 7개 성씨에 불과하다. 이들 망성은 속현이거나 부곡제 지역에서 주로 발생하고 있다. 부곡제 지역에서 많이 발생하고 있다는 점에서, 전쟁과 같은 외적 충격에 따른 것이기 보다는 수취 문제 등과 관련하여 발생한 것으로 보인다.

토성의 분화는 토성층이 다른 군현으로 이동하는 과정에서도 나타났다. 토성의 일부 가계가 다른 지역으로 이동하

여 정착한 경우, 이들은 지리서에서 일반 군현은 '내성(來姓)'
이나 '속성(續姓)'으로, 양계(兩界)지방은 이와 함께 입진성(入
鎭姓)·입성(入姓) 등으로도 분류했다.

이처럼 고려시대 경남지역 토성층은 그 가계에 따라 분화
하여 다른 지역으로 이동하고 있었다. 이같은 토성의 이동
은 지역 내 성씨 집단을 다양화 하면서 지역사회 주민 구성
을 변화시키고 있었다. 토성층 이동의 배경에는 망성의 발
생처럼 그 가계에 따라 사회경제적 처지가 열악한 상태에
직면했거나 전쟁과 같은 외적 충격에 말미암은 것이었다.

토성층은 관료를 지속적으로 배출하면서 사족(士族)과 이
족(吏族)으로 분화해 갔다. 토성층은 고려시대 관료를 배출
하는 공급원이었다. 토성의 관료 배출은 호족으로서 위상을
유지하고 있었던 시기부터 시작되었다. 고려건국과 후삼국
통합과정에 협조적인 관계를 가졌던 지방세력의 경우 공신
으로서 지위를 가지고 국가 기구에 소속되어 관료로서의 길
을 걸었다. 재지이족으로 남아 있던 토성층에서도 과거(科
擧) 등 다양한 입사로(入仕路)를 통해 끊임없이 관료로 진출하
여 사족으로 전환했다. 관료를 배출한 경우 생활 근거지를
경기 지역으로 삼았기 때문에 거경 사족이 되는 경우가 일
반적이었지만, 사회변화가 진행되는 가운데 지방사회에도
사족이 자리잡는 계기가 되었다. 이러한 사족으로의 분화는
동일 본관 성씨 내에서 가계에 따라 사족과 이족이 병존하
는 형세를 이루었다.

　　고려시대 경남지역에서도 관료를 배출하여 사족으로 진출
하는 성씨들이 여럿 있었다. 고려시대 경남지역 성씨의 관
료배출 내용을 통계하면 다음 표와 같다.

고려시대 경남지역 성씨별 관료배출표

군 현	성 씨	관료배출 내용			
		10-11세기	12-13세기	14세기 이후	계
양주(梁州)	김	4			4
금주(金州)	김			3	3
	허			3	3
	송			1	1
	배			1	1
의안군(義安郡)	황			3	3
	손			1	1
함안군(咸安郡)	조(趙)		1	1	2
	이			1	1
	윤			2	2
칠원현(漆園縣)	윤			5	5
밀성군(密城郡)	손	2			2
	박	1	6	23	30
	변(卞)			2	2
창녕군(昌寧郡)	조(曺)			4	4
	성			12	12
	장(張)		1	1	2
영산현(靈山縣)	신(辛)			7	7
진주목(晉州牧)	강(姜)	2	1	7	10
	하	1		5	6
	정(鄭)	1		2	3
	유(柳)		1	14	15
강성군(江城郡)	문			1	1
	허			1	1
하동군(河東郡)	정(鄭)		4	5	9
사주(泗州)	목(睦)			1	1
	강(姜)			1	1

군현	성씨				계
의령현(宜寧縣)	남			4	4
합주(陜州)	이	2	9	4	15
이안현(利安縣)	하		1		1
초계현(草溪縣)	정(鄭)	2	2	8	12
거창현(居昌縣)	신(愼)	1	3	1	5
함양현(含陽縣)	박		3	3	6
	여(呂)			2	2
고성현(固城縣)	이	1	1	15	17
거제현(巨濟縣)	반(潘)		1	3	4
계	36	17	34	147	198

고려시대 경남지역 일반 군현 206개 성씨 가운데 36개 성씨가 관료를 배출했는데, 이는 경남지역 전체 성씨의 17% 정도로 그렇게 활발한 편은 아니다. 고려전기부터 관료를 배출한 성씨는 양주김씨, 밀양손씨, 밀양박씨, 진주하씨, 진주강씨, 초계정씨, 합천이씨, 거창신씨, 고성이씨 등 9개 성씨이고 나머지 27개 성씨는 무인집권기 이후에야 관료를 배출하고 있다.

경남지역 성씨가 배출한 관료는 198명 정도 확인된다. 이 인원 수는 『고려사』 등 사서와 묘지명 등 금석문에서 확인된 경우로 실제는 이 인원 수를 넘어설 것이다. 시기적으로 보면 고려전기보다 고려후기, 그것도 고려말인 14세기 이후에 집중되고 있다. 이같은 추세는 경남지역 토성층의 사족화가 고려말에 접어들면서 집중되었음을 보여주는 것이기도 하다.

경남지역 군현 가운데 주읍에서의 관료배출이 우세하다. 진주지역에서는 강·하·정·류씨, 4개 성관에서 34명 정도의 관료를 배출하였고, 밀성군이 손·박·변씨 3개 성관에서

34명을, 합주가 이씨 15명, 금주(김해)가 김·허·송씨 3개 성씨에서 8명, 고성현이 이씨 8명, 양주와 거제현이 김씨와 반씨에서 각각 4명 씩 배출하고 있다. 이들 주읍에서 배출한 인원수가 107명으로 전체의 54%를 차지하고 있다. 남해현은 주읍임에도 관료 배출을 확인할 수 없는데, 이는 여말 왜구 침입으로 군현이 다른 곳으로 이동되는 등 격변을 겪었기 때문인 것으로 보인다.

속읍이지만 창녕군, 초계현, 하동군, 함양현, 영산현, 함안군, 거창현, 칠원현 등 7개 군현에서 관료 배출이 두드러지고 있다. 창녕군이 조·성·장씨, 3개 성관에서 18명, 초계현은 정씨 단일 성관에서 12명, 하동군 또한 정씨가 9명, 함양현의 박씨와 여씨 두 성씨가 8명, 영산현의 신씨가 6명을 배출하였다. 함안군 조·이·윤씨, 거창현 신씨, 칠원현 윤씨가 각각 5명 씩 배출하였다. 특히 초계 정씨는 고려 전기부터 관료를 배출하여 고려말까지 지속되고 있으며, 하동군 또한 고려 중기부터 배출하여 사족화의 길을 걸었다. 지방 토성의 관료진출은 재지적 기반의 강약에 비례해, 중·소 군현의 토성보다는 부목(府牧)출신이, 속현보다는 주읍토성이 유리했다는 사실이 경남지역에서도 어느 정도 확인되고 있지만, 초계현과 하동군의 사례는 이례적이라 하겠다.

토성층이 이족과 사족으로 분화하면서 같은 성관 내에 사족이 된 가계와 여전히 이족의 지위에 있었던 가계가 공존하게 되었다. 사족의 길을 걸은 가계는 일단 그들의 거주지가 수도를 비롯해 경기 지역이었기 때문에 거경(居京) 사족이 되었고, 그렇지 못한 가계와 아직 관료를 배출하지 못한 토성은 계속 재지 이족으로 남아 지방 향리로서 그 역할을 담당하였다. 그런데 시간이 경과하면서 사족화의 길을 걸은 가계 가운데는 다시 본관지로 옮겨오는 양상이 나타났다.

사족의 본관지 거주는 낙향, 은거, 퇴촌(退村)의 형태로 확대되었다. 중앙 정계의 정치적 격변과 외적 충격으로서 전쟁은 이를 가속화시켰을 것으로 보인다. 무신난으로 중앙정계가 소용돌이 속에 놓이게 되면서 문신으로 활동하고 있던

| 「동람도」에 보이는 경상도지역

19

경남 지역 출신의 사족들은 대거 본관지로 낙향했을 가능성이 높다. 여몽전쟁이 장기간 지속되면서 전쟁을 피하기 위해서거나 실직해서 경제적 기반이 있는 본관지로 퇴거했을 것이다. 조선건국 과정에서 벌어진 정치적 사건과 연루된 인물들 또한 사족으로서 지위를 잃거나 출신 지역으로 낙향했을 것이다. 그 예로 두문동 72현의 한 사람으로도 불리우는 밀양출신 박익(朴翊)은 정몽주가 살해당하고 조선건국이 가시화되자 고향 밀양으로 낙향 은거한 바 있다.

사족이 본관지 등으로 이주하게 되면서, 이제 지역사회에는 향리로서 기능하고 있던 재지이족과 이들 재지사족이 공존하는 형세를 이루게 되었다. 재지사족의 등장은 그동안 지역사회의 유력자로서 지위를 유지하고 있던 재지이족의 위상에 변화를 가져오게 했을 것이다. 여말선초에 이르러 재지사족은 지역의 유력자로서 위상을 확보하였고, 대신 재지이족은 수령의 업무를 보좌하는 아전(衙前)의 지위로 전락했다.

효자와 열녀도 나오고

지역마다 벼슬하는 사람들이 나오는 가운데 효자와 열녀로 평가받은 인물들도 배출되었다. 양주에서는 효자 3명을 배출했다. 박창(朴暢)은 부모상을 당하여 왜구의 침입 속에서도 3년 동안 여묘(廬墓)했으며, 이공미(李公美)도 어머니 상

20

을 당하여 3년 동안 여묘했다. 정승우(鄭承雨)는 왜구의 포로가 되어 일본의 비전주(肥前州)로 잡혀가서도, 늙은 어머니 걱정에 식사 때마다 고기를 먹지 않는 등 효심이 지극했다. 왜구도 그 의리에 감동하여 배를 마련하고 양식을 실어 돌려보냈다고 한다.

영산현에는 열녀로 낭장 신사천(辛斯蔵)의 딸 신씨와 김우현(金遇賢)의 아내 신씨가 있었는데, 이들은 고려말 왜구 침입때 정절을 지키려고 저하다 죽임을 당한 인물들이다. 창녕현의 열녀 윤씨는 진사 양호생(梁虎生)의 아내인데, 나이 23세에 과부가 되자 주변의 개가 권유에도 응하지 않고 정절을 지켰다. 칠원현의 효자 송한문(宋漢文)은 어머니가 병에 걸리자, 오른손 손가락을 끊어서 피를 약으로 먹여 낫게 했다고 한다.

진주목에서는 효자로 정유(鄭愈)·정손(鄭愻)형제, 강안명(姜安命), 하현부(河玄夫), 여효제(余孝悌) 등 4명을 배출했다. 이들은 왜구 침입때 전공을 세우고 부모가 공격당하는 것을 막다가 죽임을 당했거나, 부모 상에 여묘살이를 충실히 했던 인물들이다. 초계군에서는 효자 3명을 배출했다. 정국경(鄭國鏡), 윤안인(尹安仁), 정포(鄭包), 남영신(南永伸) 등이 이들이다. 이들은 모두 부모 상을 당했을 때 6년 동안 여묘(廬墓)하여 그 효성을 평가받았다.

함양현의 열녀 송씨는 역승 정인(鄭寅)의 아내인데 왜구에게 붙잡혔을 때, 왜적이 겁탈하려 하자 저항하다가 살해당했다. 남해현의 효녀 함부(咸富)는 낭산도(狼山島) 백성 능선

21

(能宣)의 딸인데, 아버지가 죽자 침실에다가 빈소를 차리고, 5개월이나 찬을 받들기를 생시와 다름이 없이 하였다. 거창현의 열녀 최씨는 낭장 김순(金洵)의 아내인데, 우왕 6년 (1380) 7월의 왜구 침입때 절개를 지키려다 살해되었다.

이안현의 효자 반전(潘腆)은 우왕 14년 왜구 침입때 아버지 반숙(潘淑)이 포로로 잡히자 왜구 진영에 가서 아버지 구명 운동을 벌인 사실이 평가되었다. 강성군의 효자 주경(周璟)은 아버지 상을 당하여 『가례(家禮)』를 준수하고 3년 동안 시묘하였다. 허옹(許邕)의 아들 허계도(許繼道)는 개성소윤의 벼슬 중에 우왕 9년 아버지 상을 당하자 왜구 침입이 극성을 부리는 가운데에서도 3년 동안 시묘하였다.

참고문헌

『고려사』, 『고려사절요』, 『경상도지리지』, 『세종실록지리지』, 『신증동국여지승람』.
이우성, 『한국중세사회연구』, 일조각, 1991.
김광철, 『고려후기 세족층 연구』, 동아대학교출판부, 1991.
이수건, 『한국의 성씨와 족보』, 서울대학교출판부, 2003.
구산우, 『고려전기 향촌지배체제연구』, 혜안, 2003.
이재두, 『『신증동국여지승람』에 반영된 효 인식」, 『영남학』 28, 2015.
권순형, 「고려시대 절부(節婦)에 대한 고찰」, 『여성과 역사』 27, 2017.

성주와 장군으로 고려를 열다

해상무역으로 후당과 통교한 왕봉규(王逢規)_배상현

김해의 지방세력가 김인광(金仁匡)과

소충자(蘇忠子)·소율희(蘇律熙) 형제_김광철

Ⅱ. 성주와 장군으로 고려를 열다

해상무역으로 후당과 통교한 왕봉규(王逢規)_배상현

번영을 자랑하던 신라는 하대로 접어들면서 점차 쇠락의 길을 걷게 되었다. 그것은 정치와 사회의 기본원리로 작용하던 골품제가 모순을 드러내고, 진골귀족들이 분열 대립한 데다 6두품의 도전 등으로 사회의 혼란이 가중되고 있었기 때문이었다.

이러한 가운데 농민들은 과중한 조세와 역역의 부담으로 시달리고 있었고, 귀족들의 사치와 향락적 분위기가 더해지면서 마침내 동요하기 시작하였다. 『삼국사기』에 따르면 그 정도는 진성여왕대에 접어들면서 한계점에 도달하고 있었다. 농민들이 농토를 버리고 유망하다가 봉기하는 경우가 점차 늘어나고 있었기 때문이다.

신라말 지방세력들 일어나다

신라하대의 혼란은 점차 지방에 대한 중앙정부의 통제력을 약화시켜갔고, 지방의 유력가들은 이 틈을 타서 역사의 전면에 부상하였다. 호족(豪族)으로도 지칭되어 온 이들 세력가들 가운데는 거점지역에 성을 쌓고 스스로 주인을 자처하면서 성주(城主)라 부르기도 하였다. 또 일정한 지역을 중심으로 세력을 펴면서 무력을 보유해 장군(將軍)을 자처하는 독립적 존재로 반신라(反新羅)의 입장에 서기도 하였다.

삼국을 통합한 신라는 산업의 발달과 조선술(造船術)의 진전 등으로 해상을 통한 무역 활동이 번성하고 있었다. 이들 무역은 대개 조공(朝貢)의 형식을 취하며 나라와 나라가 상대하는 형태였으나, 신라 정부의 집권력이 약화되자 이제 지방의 사상인(私商人)들은 그 활동 반경을 넓혀 직접 외국과 통교하는 경우도 발생하였다. 이들의 상대지역은 당나라나 일본 등지였는데, 당나라의 경우는 그들의 집단 거류지마저 생겨나고 있었다.

해상세력과 강주지역의 대당 통교

신라인들의 활발한 해상무역은 당나라와 일본 등지에 현지 거점을 마련하기도 하였다. 특히 당의 산둥반도나 강소성 같은 곳은 그들의 집단 거류지마저 생겨나고 있었다. 이에 대해서는 구법승 엔닌[圓仁]의 『입당구법순례행기(入唐求法巡禮行記)』에 비교적 자세히 전해진다. 이에 따르면 집단 거류지인 신라방(新羅坊)의 존재와 그곳에 설치된 자치행정 기관인 신라소(新羅所)에 대해 알려준다. 또 문등현 적산촌(赤山村)에 있던 법화원(法花院)에는 법회에 참석하기 위해 일시에 모인 신라인이 250여 명이나 되었다 한다. 가히 그 규모를 짐작할 수 있다.

당시 이들 무역을 주도한 인물 가운데 선봉은 단연 장보고(張保皐)였다. 그는 오늘날 전남 완도에 청해진(淸海鎭)을 설치하고 1만 명에 가까운 사병을 거느리고 있었다. 그리고 당나라와 일본 등지를 왕래하며 황해의 왕자로 군림하였다. 이 밖에 송악에 거점을 두고 활동하였던 왕건은 조부 작제건(作帝建)과 부친 용건(龍建)을 이어 탄탄한 해상 활동의 기반을 가지고 있었다. 이러한 세력들은 그 주인공이 알려져 있지는 않지만, 오늘날 남양만(南陽灣)이나 나주(羅州)지역에도 다수가 활동하였을 것으로 추정된다. 또 오늘날 경남지역에서는 서부경남을 중심으로 왕봉규가 후당(後唐)과 통교하고 있었다.

왕봉규, 후당의 봉함을 받다

후기신라~고려전기 진주지역의 행정구역 명칭은 강주(康州)였다. 이곳은 본래 백제 관할로 거열성(居列城)으로도 불리었으나 663년(문무왕 3) 2월 신라의 영토가 되었다. 이후 685년(신문왕 5) 거열주를 덜어내어 청주(菁州)를 설치하고 총관(摠管)을 두었다. 757년(경덕왕 16) 신라는 전국의 지방조직을 대대적으로 개편 정비하였는데, 이 때 청주를 강주로 고쳐 부르게 되었다.

당시 강주지역은 신라 9주 가운데 하나로 1주 11군 27현의 넓은 지역을 포괄하였다. 그리고 치소는 행정·군사·치안·조세 등의 통치역할을 수행하는 중심지로 자리매김하였다.

강주의 권역을 추정해보면, 남해군의 난포(蘭浦)·평산(平山)과 하동군의 성량(省良)·악양(嶽陽)·하읍(河邑), 그리고 고성군의 문화량(蚊火良)·사수(泗水)·상선(尙善), 함안군의 현무(玄武)·의령(宜寧), 거제군의 아주(鵝洲)·명진(溟珍)·남수(南垂), 궐성군(闕城郡)의 단읍(丹邑)·산음(山陰), 천령군(天嶺郡)의 운봉(雲峰)·이안(利安), 거창군의 여선(餘善)·함음(咸陰), 고령군의 야로(冶爐)·신복(新復), 강양군(江陽郡)의 삼기(三岐)·팔계(八谿)·의상(宜桑), 성산군(星山郡)의 사동화(斯同火)·계자(谿子)·도산(都山)·신안(新安) 등 여러 현들이 포함되고 있었다.

신라말~고려초 강주지역에서 해상활동으로 두각을 나타낸 인물이 왕봉규였다. 그가 언제 태어나고 언제 죽었는지는 파악되지 않으나 중국사서에 다음과 같이 이름을 올렸다.

신라왕 김박영(金朴英)과 본국의 천주절도사(泉州節度使) 왕봉규가 사자를 보내어 조공(朝貢)하였다(『책부원귀(冊府元龜)』동광(同光) 2년 정월)

신라국 권지강주사(權知康州事) 왕봉규를 회화장군(懷化將軍)으로 삼았다(『책부원귀(冊府元龜)』천성(天成) 2년 3월)

그는 강주지역을 거점으로 중국의 후당과도 통교하며 독자적 세력을 구축한 인물이었다. 그리고 마침내는 장군으로 책함을 받고 있었다. 왕봉규는 최소한 924년과 927년 두 차례에 걸쳐 후당에 사신을 보낸 것으로 확인된다. 이는 그의 세력이 해외에 외교사절을 보낼 만큼 이미 강력한 힘을 구축하고 있었음을 말해준다.

왕봉규가 처음 일어난 지역은 천주현(泉州縣)으로 오늘날 의령지역에 해당하는 강양군(江陽郡) 의상현(宜桑縣) 일대였다. 그는 이곳을 근거지로 하여 924년(경명왕 8) 천주절도사(泉州節度使)를 자칭하고 중국 후당(後唐)에 사신을 보내었던 것이다. 그리고 점차 세력을 넓혀 마침내는 강주(康州) 전역에 영향력을 행사하고 있었다.

乾化元年八月渤海國遣使朝貢以方物
十二月帝郊天殷以趙光裔二大國青衿入貢
故也扇間所司通二首領與煖裝等一百二十二人
狀并庭下卯各以其君長所上表及方物等陳而獻
馬
二年五月渤海王大諲譔差王子大光贊帝表并
進方物
十月契丹阿括梅老等朝貢
十一月渤海遣都督列易言等入朝進貢
牧宴莊宗同光元年十一月新羅國王朴英遣倉
府元龜外臣部　卷之九百七十二　十二
部侍郎金榮錄事兼軍金紉卿朝貢賜物有金
十二月奚首領李紹威遣使朝貢
二年正月新羅王金朴英业本國泉州節度使王逢
規遣使朝貢渤海王子大禹謨永朝貢
二月完項遣使朝貢
四月迦鶻都督牟引擇迦副使用紙林郁監楊福安
等六十六人陳方物爾本國橿知可汗仁美在牟州
差貢善馬九匹白玉一團是月汾州曹義進玉三圓
綢納孫羊角波斯錦茸褐白鼠生黃金星粲筆
五月渤海國王大諲譔遣使怛元瓌貢方物

| 왕봉규의 후당 통교 기사가 실린 『책부원귀』

　　927년에는 후당이 권지강주사(權知康州事) 왕봉규를 회화장군(懷化將軍)으로 봉하자, 사신을 보내어 답례하는 등 중국의 왕조와 교섭함을 보여준다. 이후 왕봉규의 행적은 찾아지지 않는다. 아마도 고려 왕건과 후백제의 견훤이 쟁패를 거듭하는 가운데 그의 세력도 소멸된 것으로 추정된다.

후삼국 수군의 화력이 집중된 강주

신라의 분국(分國) 이후 경상도 남해안 지역에는 전운이 감돌고 있었다. 견훤의 동진(東進)과 남진(南進)하는 왕건의 군대가 충돌하였기 때문이다. 신라가 고려에 원군을 요청한 920년(경명왕 4) 즈음부터 긴장의 조짐은 보이기 시작하고 있었다. 당시의 상황을 『삼국사기』에는 다음과 같이 전한다.

2월 강주 장군 윤웅(閏雄)이 고려 태조에게 투항하였다. 10월에는 견훤이 보병·기병 1만을 이끌고 대야성(大耶城)을 공격하여 함락시키고 진례(進禮)까지 진군하였다. 이에 경명왕은 아찬 김율(金律)을 보내 왕건에게 원군을 요청하였다. 왕건은 군사들에게 신라를 구원하게 하니, 견훤이 이를 듣고 물러났다(『삼국사기』 권12, 경명왕 4년).

이를 보면 장군 윤웅이 고려에 귀부하면서 강주는 정치적 공백상태에 이른 것 같다. 그리고 때마침 위기의식을 느낀 견훤의 군사가 활동을 개시한 것이었다. 진례는 오늘날 창원과 김해의 접경지대로 강주와는 해상으로 멀지않은 거리이다. 이 시기 왕봉규는 오늘날 의령·함안 일대에서 활동반경을 넓힌 것으로 추정된다.

920년 이후 한동안 강주는 후백제도 고려도 아닌, 신라 외곽으로 중앙정부로부터 반독립적 공백지가 되었던 것으로 보인다. 그런데 한 가지 특기할 사항은 당나라로 교통하는 선박이 이곳에 기착하고 있었다는 사실이다. 이는 이듬해 7월 입당(入唐) 유학했던 봉림사 심희(審希)의 제자 찬유 (璨幽)가 강주 덕안포(德安浦)를 통해 귀국하고 있는데서 확인 된다. 찬유는 곧바로 창원의 봉림사로 향하였고, 스승이 꾸 민 법상에 올라 중국에서 보고 배운 법문을 나누는 한편, 산 문의 승려들은 환영연을 베풀었던 것이다.

찬유의 덕안포 기착이 있은 지 3년 뒤 강주일원에서 왕봉 규가 부상하고 있었다. 924년 왕봉규의 독자적인 활동은 중국측 사서인 『책부원귀』와 『오대회요』등에서 파악되기 때 문이다. 전자에 따르면, 신라왕과 그의 이름이 함께 기술되 고 있어 별도의 세력임을 인정하고 있다. 또 '본국(本國)'의 절도사라 표현하여 여전히 신라의 소속이었다는 것과, 그러 면서 각기 조공하였다고 기술하여 독립적 교역활동을 전개 하였음을 보여준다.

그리고 927년 후당은 왕봉규를 '신라국 권지강주사(權知康 州使)'로 지칭하며 '회화장군(懷化將軍)'으로 삼았다는 기록을 보인다. 이는 이미 왕봉규가 강주일대의 독자세력으로 그 위치를 공고히 하였다는 것으로 풀이된다. 곧 그는 고려와 후백제, 그리고 본국인 신라와 별도의 세력으로 인정받고 있었던 것이다.

활발한 대외 교통으로 후당으로부터 명성을 얻었던 왕봉 규의 활동은 927년 3월 이후 더 이상 찾아지지 않는다. 이 는 강주지역에 대한 중요성이 높아지고 고려와 후백제 수군 의 화력이 집중되면서 도래한 당연한 귀결이었는지 모른다. 특히 왕건 수군의 노력은 집요하고도 철저하였는데, 곧이어 강주의 앞뜰인 남해도를 집중 공략하고 있는 것은 좋은 예라 할 수 있다.

즉 당해 여름 4월 왕건은 해군장군 영창(英昌)과 능식(能式) 등이 수군을 거느리고 가서 강주를 공격하게 하였다. 이에 전이산(轉伊山), 노포(老浦), 평서산(平西山), 돌산(突山) 등 4곳이 함락되었고 사람과 물자들을 노획하여 돌아갔다는 것이다. 여기서 전이산과 노포와 평서산은 오늘날 남해도에 속하며, 돌산은 돌산도에 비정된다. 이 시기 왕건은 수군을 총동원하여 오늘날의 남해안 도서와 연해의 거점들을 석권하고 있었던 것이다.

그러나 후백제의 공략도 만만치 않았다. 928년 1월 고려는 또다시 김상(金相)과 직량(直良) 등을 보내 강주를 구원하게 한 것 등은 그러한 정황이라 하겠다. 그러나 김상과 직량 등은 초팔성(草八城)을 지나다가 후백제 측 성주 흥종(興宗)에게 대패해 전사하고 말았다. 이후 견훤은 둘째 아들 양검을 강주도독으로 삼는 등 강주에 대한 지배력을 더욱 강화하였다. 강주의 주도권이 다시 후백제로 넘어간 것이다. 이렇듯 왕봉규 세력이 붕괴된 이후에도 강주지역은 후삼국의 각축장이 되고 있었다 하겠다.

남겨진 자취들

오늘날 고려초 강주의 자취를 찾아보기는 쉽지않다. 다만 고려말 왜구가 준동하는 가운데 이들을 제압하기 위한 배극렴(裵克廉)의 활동과 관련하여, 이 시기 일부 사적을 확인할 수 있다. 오늘날 진주시 정촌면 예하리 일대가 그곳으로, 현재 강주의 지명이 남아있다. 1379년(고려 우왕 5)에 배극렴은 남해안을 노략질하는 왜구들을 방어하기 위해 강주진(康州鎭)에 머물렀는데, 그 터가 현재 남아 있다.

| 강주진의 소재지로 전하는 강주연못 일대

강주진이 자리하였던 곳은 남해고속국도의 사천I.C와 진주I.C에서 3번 국도를 이용하면 5~10분 정도거리이며, 현재 강주연못 생태공원으로 시민들의 쉼터가 되고 있다. 못 가장자리에는 토성(土城)의 자취가 남아있고, 수령 5~6백 년 가량의 고목들이 자라고 있다. 이팝나무는 중국에서 가져온 것이라는 속전이 있다.

참고문헌

『삼국사기』.
『고려사』.

『오대회요』.

『책부원귀』.

김상기, 「나말 지방군웅의 대중교통—특히 왕봉규를 주로—」, 『황의돈
　　선생고희기념사학논총』, 동국대학교 출판부, 1960 ; 『동방사논총』
　　서울대학교 출판부, 1974.

강봉룡, 「후백제 견훤과 해양세력—왕건과의 해양쟁패를 중심으로—」,
　　『역사교육』83, 2002.

배상현, 「진경 심희의 활동과 봉림산문」, 『사학연구』74, 2004.

김해의 지방세력가 김인광(金仁匡)과 소충자(蘇忠子)·
소율희(蘇律熙) 형제_김광철

신라말 선종 승려의 비문들은 당시 김해 지역사회에도 유력한 호족이 활동하고 있었음을 전해주고 있다. 「봉림사진경대사보월능공탑비(鳳林寺眞鏡大師寶月凌空塔碑)」에는 지김해부 진례성제군사 명의장군(知金海府進禮城諸軍事明義將軍) 김인광(金仁匡)과 진례성제군사(進禮城諸軍事) 김율희(金律熙)란 이름을 확인할 수 있고, 「태자사낭공대사비(太子寺郎空大師碑)」에서는 '지부(知府) 소충자(蘇忠子)공과 그 동생인 영군(領軍) 소율희(蘇律熙)공'의 존재를 찾을 수 있다.

호족으로 성장하다

소율희와 김율희는 같은 사람으로 보이는데, '소(蘇)'는 한자로 이렇게 표기되었지만 본래 우리 말인 '쇠'에서 비롯된 것이라는 점에서 '쇠율희'는 곧 '김율희'로 읽힌다. 당시 김해 지역사회에는 김인광과 소충자·소율희라는 지방세력 즉 호족이 자리잡고 있었다.

신라 하대는 왕위계승전과 같은 정치적 혼란과 더불어 토지지배관계도 크게 문란해져 부의 편중 현상이 심각한 상태에 놓이게 되고, 농민들은 과중한 조세와 역역 부담에 시달려 빈곤이 더욱 심화되고 있었다. 이 시기에 용작민이 늘어가고 있었다던가, 민의 유망이 가속화되고 있는 사실은 이러한 농민의 사회경제적 처지를 말해주는 것이다.

유망민들은 촌락을 떠나 화전을 일구든가. 걸식을 통해 일정 기간 생계를 유지하지만, 그것이 한계에 부딪히면서 점차 세력화하여 체제에 대한 저항세력으로 등장하게 된다. 이 시기 자료에 자주 나타나고 있는 '군도(群盜)', '도적(盜賊)', '초적(草賊)' 등은 당시 사회모순에 저항해간 농민항쟁세력으로 볼 수 있을 것이다.

신라말에 이르기까지 계속된 농민항쟁의 주도세력은 토지소유로부터 배제된 몰락농민과 유망민들이었다. 이들이 항쟁에 참여한 것은 삶의 터전을 잃는 데다가 생존의 위협을 당하고 있는 현실을 타개하기 위한 것이었다. 또한 선종이나 미륵신앙, 지리도참사상 등과 같은 새로운 이데올로기가 확산되고, 비판적 지식인층이 대두하여 골품체제의 모순을 타개하려는 움직임을 보임으로써 항쟁에 적극적으로 참여할 수 있었다.

이처럼 농민항쟁이 전개되는 가운데 각 지역에서는 '호족(豪族)'으로 불리는 지방세력가들이 등장하고 있었다. 그 출신은 해상세력, 촌주(村主) 출신, 지방관 및 낙향귀족, 군진세력(軍鎭勢力) 등이었다. 이들은 신라말 경제적 부를 축적한 '호부(豪富)층'으로서 자리잡고

| 십이지상석관에 새겨진 십이지상의 모습

있다가 항쟁에 참여한 농민들을 끌어들여 군사적 기반을 갖춤으로써 호족으로 성장할 수 있었다. 이들 호족은 성주(城主), 장군, 지주제군사(知州諸軍事) 등으로 자리하면서, 당대등(堂大等)·대등(大等) 관할 하에 호부(戶部)·창부(倉部)·병부(兵部)로 구성된 독자적 행정조직인 관반체제(官班體制)를 갖추고 지역을 지배하고 있었다.

| 8~9세기 지배층의 무덤으로 추정되는 십이지상석관(김해시 진례면 송정리 출토)

　김해 지역의 호족이 된 김인광과 소충자·소율희 형제의 출신 배경은 무엇이었을까? 이를 알 수 있는 직접적 자료는 존재하지 않아 확실하지는 않다. 신라 통일기 김해는 '금관소경(金官小京)'이었던 점을 고려하면, 김인광은 소경의 관리이거나 가야 왕족으로 이해된다는 점에서, 낙향귀족 출신이거나 그와 유사한 사회적 지위에 있었다고 생각된다.

반면 소충자·소율희 형제는 김인광과는 달리 다른 방법으로 경제적 부를 축적한 것으로 보인다. 김해 지역이 낙동강 하구에 위치하여 변한, 가야시기부터 해외무역항으로 번영했다는 점을 고려하면 신라말 해상무역이 활발했던 시기에 이 곳에서도 해상무역에 종사하는 세력집단이 형성되었을 것이라는 점은 충분히 짐작된다. 중국 후당(後唐) 명종 천성(天成) 2년(927) 3월 신라인으로서 금주사마(金州司馬)의 직함을 가지고 있던 이언모(李彦謨)가 등주지후관(登州知後官)으로 활동하고 있었다는 사실은 김해지역의 서해안 교섭과 해상무역을 활발히 추진했음을 보여주는 사례이다. 이언모가 지니고 있던 금주사마라는 직함은 관반조직 속의 군사업무와 관련이 있는 직책이라는 점에서 그를 지휘하는 호족세력이 따로 있었음을 말하는 것이며, 당시로는 그가 소율희였다고 볼 수 있다. 즉, 소충자·소율희 형제는 당나라와의 교역활동을 통해 부를 축적하여 호부층이 되었고, 그 경제적 기반을 바탕으로 군사력을 확보하여 김해지역의 호족으로 성장하였다.

선불교를 지원하여 봉림산문을 열다

나말여초 호족들은 불교를 사상적 기반으로 삼았고, 그 가운데에도 선종에 관심을 가져 이를 믿고 지원하는 경향을 보이고 있었다. 선문을 개창한 승려들의 출신 성분이 호족의 그것과 유사하다든가, 진골귀족에서 강등당한 집안 출신이었다는 점 등도 호족과 선종의 결합을 가져오는 계기가 되었다. 굴산사(崛山寺) 범일(梵日)의 조부 술원(述元)이 명주 도독을 지냈고, 실상사(實相寺) 수철(秀澈)의 증조는 소판(蘇 判)을 지낸 진골이었다. 성주산문 낭혜(朗慧)의 가계는 본래 진골이었으나 그 아버지 범청(範淸) 때에 6두품으로 강등되 었다.

가지산문(迦智山門)의 건립에 김언경(金彦卿) 등 중앙 귀족 이 관여하였고, 희양산문(曦陽山門)은 심충(沈忠)과 가은현(加 恩縣) 장군인 희필(熙弼) 등의 지원에 의해 건립되었다. 수미 산문(須彌山門)의 건립에는 왕건 및 그 외척인 황보씨 세력이 후원했으며, 굴산문의 경우는 김주원(金周元) 세력을 배경으 로 실제 강릉지방을 다스리고 있던 왕순식(王順式)이 그 후원 자였다.

김해 지방 호족인 김인광과 소충자·소율희 형제는 봉림산 문을 개창하기 이전부터 당시 유명한 선사들을 초치하여 접 견하고 선 수행을 지원하였다. 실상산문을 개창하는 수철화 상(秀澈和尙, 815~893)은 동원경(東原京) 복천사(福泉寺)에 가 서 윤법(潤法)대덕에게서 구족계를 받았다고 했는데, 동원경 은 김해 지역인 금관경을 말하는 것으로 당시 이 곳에 복천 사라는 절이 있었음을 말해주고 있다. 낭공대사 행적(行寂) 도 문성왕 9년(847)에 이 곳 복천사에서 구족계를 받았던 것 으로 전한다. 진경대사 심희가 봉림사를 개창하기 이전부터 김인광이 "선문에 귀의하여 숭앙하고 삼보(三寶)의 집을 돕 고 수리하였다."고 언급한 점도 김해 지역 사원의 존재를 확 인시켜 주고 있다.

진경대사(眞鏡大師) 심희(審希, 855~923)는 9세에 혜목산에 가서 현욱(玄昱, 787~869)에게 출가하였으며, 19세에 구족계를 받은 후 각지를 돌아다녔다. 그는 중국에 유학을 가지 않았고, 진성여왕(887~897) 때에는 송계(松溪)와 설악(雪嶽)에 머물렀으며, 편지를 보내 경주로 와달라는 왕의 요청에도 따르지 않았다. 이후 어느 시기에 김해 지역으로 와서 소충자·소율희 형제의 지원을 받아 봉림산문을 개창하게 된다.

얼마 안되어 멀리 김해 서쪽에 복림(福林)이 있다는 말을 듣고 문득 이 산을 떠났다. 그 소문이 남쪽 경계에 미치고 (대사가) 진례(進禮)에 이르러 잠시 머뭇거렸다. 이에 □□진례성제군사(□□進禮城諸軍事) 김율희란 자가 (대사의)도를 사모하는 정이 깊고 가르침을 듣고자 하는 뜻이 간절하여, 경계 밖에서 (대사를) 기다리다가 맞이하여 성안으로 들어갔다. 곧 절을 수리하고 법의 가르침을 자문하는 것이 마치 고아가 자애로운 아버지를 만난 듯하며, 병자가 훌륭한 의사를 만난 듯하였다. 효공대왕이 특별히 정법전의 대덕인 여환(如奐)을 보내어 멀리 조서를 내리고 법력을 빌었다. 붉은 인주(紫泥)를 사용하고 겸하여 향기로운 그릇(鉢)을 보냈으며, 특별한 사자[專介]를 보내어 신심(信心)을 열게 하였다. … 이 절은 비록 지세가 산맥과 이어지고 문이 담장

| 봉림사 진경대사 보월능공탑비

뿌리에 의지하였으나, 대사는 수석이 기이하고 풍광이 빼어나며, 준마가 서쪽 산봉우리에서 노닐고 올빼미가 옛터에서 운다고 하였으니, 바로 대사(大士)의 정에 과연 마땅하며 신인의 ㅁ에 깊이 맞는다고 하겠다. 그래서 띠집을 새로 수리하고 바야흐로 가마를 멈추고, 이름을 봉림(鳳林)이라 고치고 선방을 중건하였다.(봉림사진경대사보월능공탑비鳳林寺眞鏡大師寶月凌空塔碑)

봉림사는 새로 지은 절이기 보다는 호족 소율희의 지원을 받아 이 전부터 있었던 절을 수리하고 규모를 확장한 것으로 중건한 후 이름을 이렇게 바꾼 것이었다. 봉림산문을 개창한 후에도 소충자·소율희 형제는 여러 선사들을 초치하여 지원하였다. 낭공대사(郎空大師) 행적(行寂, 832~916), 진철대사(眞澈大師) 이엄(利嚴, 870~936), 비로사진공대사(毘盧寺眞空大師) □운(□運, 855~937), 흥법사진공대사(興法寺眞空大師) 충담(忠湛, 869~940) 등이 이들이다. 이 가운데 낭공대사 행적은 심희가 봉림산문을 개창하는 비슷한 시기에 소율희와 관계를 맺은 것으로 보인다.

갑자기 다음 해(신라 효공왕 11년, 907) 늦여름에 잠깐 서울을 떠나 바닷가로 유력하다가 김해부(金海府)에 이르니, 지부(知府) 소충자(蘇忠子)공과 동생인 영군(領軍) 소율희(蘇律熙)공이 옷깃을 여미고 덕풍(德風)을 흠모하던 중, 도(道)를 사모하여 이름난 큰 절에 주석하도록 청하였는데, 이는 창생을 복되게 하기를 바랐던 것이었다.(태자사낭공대사비太子寺郎空大師碑)

40

낭공대사는 해인사(海印寺)에서 경론(經論)을 연구한 후, 문성왕 9년(847) 복천사(福泉寺)에서 구족계(具足戒)를 받고 굴산(崛山)의 통효(通曉)에게 불법을 수학했다. 경문왕 1년(870) 당나라에 가서 15년 동안 명산을 편력, 수도 끝에 석상경제(石霜慶諸)에게서 심인(心印)을 받았다. 헌강왕 11년(885) 귀국하여 활동하다가 이 때에 김해부로 와서 소충자·소율희 형제의 지원을 받으며 주석하다가 신덕왕 4년(915) 국왕의 부름에 따라 경주로 돌아갔다.

진철대사 이엄은 효공왕 12년(911) 소율희의 초빙으로 김해부로 와서 4년 간 이 곳에서 주석하였다. 소율희는 김해의 승광산(勝光山) 아래 경치 좋은 곳에 새로 절을 짓고 이엄을 이 곳에 머물도록 했다고 한다. "마치 도리(桃李)나무는 구경꾼에게 찾아 오라고 불러들이지 아니하나 저절로 길이 생겨나는 것과 같이 또는 벼와 삼밭처럼 대중이 열을 지어 모여들었다."고 한 것으로 보아 이엄이 주석한 이 사찰은 지역 주민들의 발길이 끊이지 않았다.

김인광과 소충자·소율희 형제의 관계

『삼국유사』에 실려 있는 「가락국기(駕洛國記)」에는 수로왕에 대한 제사권을 둘러싸고 김해 지방 호족 소충자와 가야 왕족 사이의 갈등관계를 다음과 같이 전하고 있다.

신라 말년에 잡간(匝干) 충지(忠至)란 자가 있었는데 옛 금관성(金官城)을 쳐서 빼앗고 성주장군(城主將軍)이 되었다. 이에 아간

(阿干) 영규(英規)가 장군의 위엄을 빌어 묘향(廟享)을 빼앗아 함부로 제사를 지냈는데, 단오를 맞아 사당에 제사를 지내다가 사당의 대들보가 이유 없이 부러져 떨어져서 깔려 죽었다. 이에 장군이 혼자서 말하기를 "다행히 전세(前世)의 인연으로 해서 외람되이 성왕(聖王)이 계시던 국성(國城)의 제사를 지내게 되었으니 마땅히 나는 그 진영(眞影)을 그리고 향(香)과 등(燈)을 바쳐 그윽한 은혜를 갚아야겠다"라고 하고, 3척 비단에 진영을 그려 벽 위에 모시고 아침저녁으로 촛불을 켜 놓고 공손히 받들었다. 겨우 3일 만에 진영의 두 눈에서 피눈물이 흘러서 땅 위에 고였는데 거의 한 말 정도가 되었다. 장군은 매우 두려워하여 그 진영을 받들어 사당으로 가서 불태우고 곧 수로왕의 친자손 규림(圭林)을 불러서 말하였다. "어제 불상사가 있었는데 어찌하여 이런 일들이 거듭 생기는 것인가? 이는 필경 사당의 위령(威靈)이 내가 진영을 그려서 모시는 것을 불손하게 여겨 진노한 것이다. 영규가 이미 죽었고, 나도 매우 두려워 진영을 불태워 버렸으니 반드시 신(神)이 내리는 벌을 받을 것이다. 경은 왕의 친자손이니 전에 하던 대로 제사를 지내는 것이 옳겠다." 규림이 대를 이어 제사를 지내다가 나이 88세에 이르러 죽었고, 그 아들 간원(間元)경이 이어서 제사를 지내는데 단오날 사당을 뵈알하는 제사에서 영규의 아들 준필(俊必)이 또 발광(發狂)하여, 사당으로 와서 간원(間元)이 차려 놓은 제물을 치우고서 자기가 제물을 차려 제사를 지냈는데 삼헌(三獻)이 끝나기도 전에 갑자기 병이 나서 집에 돌아가서 죽고 말았다.(『삼국유사』권2, 기이2, 가락국기)

여기에서 충지는 소율희의 형인 소충자와 동일 인물이고,

잡간은 신라 17관등 가운데 3위인 잡찬(迊飡)과 같은 것이다. 당시 호족들은 독자적인 관반체계를 만들어 자신들을 '당대등(堂大等)', '대등(大等)'으로 칭하고 있었는데, 잡간은 신라 중앙 정부로부터 수여된 것으로 볼 수 있다. 당시 호족들이 지역을 효과적으로 지배하기 위해 사용하고 있던 관반조직은 다음과 같다.

당대등(堂大等)-대등(大等) ┬ 호부(戶部)-낭중(郎中)-원외랑(員外郎)-집사(執事)
                        ├ 병부(兵部)-병부경(兵部卿)-연상(筵上)-유내(維乃)
                        └ 창부(倉部)-창부경(倉部卿)

「가락국기」에서 충지의 휘하로 나오는 영규는 아간의 직함을 띠고 있다. 아간 또한 신라 17관등 가운데 하나인 아찬(阿飡)으로, 제6위에 해당한다. 영규는 충지의 명으로 수로왕의 제사를 주관하고 있는데, 위의 관반조직에서는 제사 담당 부서가 보이지는 않지만, 영규는 세 부서의 어느 하나를 책임지고 있던 인물일 것이다. 앞에서 보았던 이언모가 지니고 있던 금주사마(金州司馬)는 호족 자체의 관반조직의 하나라고 볼 수 있다.

충지의 잡간과 영규의 아간은 신라 중앙정부에서 수여된 외위(外位)로 볼 수 있다는 점에서 김해 호족인 김인광, 소충자·소율희 형제는 신라와 우호적인 관계를 유지한 것으로 볼 수 있다. 김인광과 소충자·소율희 형제 모두 진례성제군사(進禮城諸軍事)라는 직책을 맡고 있었던 것도 신라와의 우호적 관계를 보여주는 것이다. 전국의 특정 호족에게 주어졌던

지주제군사(知州諸軍事) 계열의 직책은 신라 중앙 정부가 호족들의 독자성을 인정하는 선에서 신라 지배질서 속에 묶어놓기 위한 방편으로 모색된 것으로 이해되고 있기 때문이다.

제사권을 둘러싸고 충지(소충자)와 수로왕 후손 간에 갈등이 있었던 것으로 묘사한 점도 흥미롭다. 충지의 휘하인 영규가 수로왕 제사를 지내다 사당이 무너져 깔려 죽었다는 것, 충지가 제작한 수로왕 진영에서 피눈물이 흘렀다는 점, 영규의 아들 준필이 또 제사를 빼앗아 지내다가 병이 나서 죽었다고 묘사한 것은 호족 소충자 세력이 토착세력이기도 한 가야 왕족에게 받아들여지지 않아 갈등관계에 있었음을 의미한다.

이같은 갈등관계는 소충자로 대표되는 신흥세력과 가야 왕족으로 상징되는 토착세력 간의 대립과 갈등으로도 볼 수 있지만, 수로왕 후손 가운데에서도 지역의 호족으로 성장한 경우가 있을 수 있다는 점에서 김해 지역 내 호족 세력 간의 갈등관계를 생각해보아야 한다. 즉, 서원경이었던 청주 지역에서 여러 명이 호족이 출현했던 것처럼 나말여초 김해 지역사회에도 같은 시기에 여러 명이 호족이 등장했을 것이고, 이들 사이에 갈등과 대립관계가 형성되고 서로 정복하고 정복당하는 일들이 벌어지고 있었다.

아직까지 김해 지역에서 확인되는 호족은 김인광과 소충자·소율희 형제 3명 뿐이다. 동일 시기 지역마다 호족은 한 명이었다는 관점에서는 김인광이 먼저 호족으로서 지위를 갖고 있다가 몰락한 후, 소충자·소율희 형제가 호족의 지위를 잇는 것으로 이해한다. 그러나 김인광, 소충자·소율희 형제는 같은 시기에 김해 지역의 호족으로서 지위를 갖고 있었다고 볼 수 있다. 김인광은 가야 왕족으로서의 지위를 기반으로 하여 호족이 되었고, 소충자·소율희 형제는 해상 무역으로 부를 축적하여 호부층이 되고 호족으로 성장한 것이다.

| 김해지역과 경계에 위치한 창원 진례산성(창원대학교 박물관)

이들 김해 지역 호족들 사이에는 협조적인 관계를 유지하는 경우도 있었겠지만, 지배 영역의 확장을 위해 갈등 관계를 보이면서 정복 전쟁을 벌였을 가능성이 높다. 따라서 「가락국기」에서 잡간 충지와 가야 왕족 간에 제사권을 둘러싼 다툼으로 묘사된 것은 소충자·소율희 형제가 김인광이 지배하는 영역까지 정복하는 과정과 그에 따른 갈등관계를 보

여준 것으로 해석될 수 있다.

| 창원 진례산성 원경(경상남도 기념물 제128호)

참고문헌

『삼국사기』, 『삼국유사』, 『고려사』, 『고려사절요』.

한국금석문종합영상시스템(http://gsm.nricp.go.kr).

전기웅, 『나말여초의 정치사회와 문인지식층』, 혜안, 1996.

김상돈, 「신라말 구가야권의 김해 호족세력」, 『진단학보』 82, 1996.

배상현, 「진경 심희의 활동과 봉림산문」, 『사학연구』 74, 2004.

권덕영, 「신라하대 서·남해역의 해적과 호족」, 『한국고대사연구』 41, 2006.

구산우, 「신라말 고려초 김해 창원지역의 호족과 봉림산문」, 『한국중세사연구』 25, 2008.

신호철, 「고려시대 청주 지방 세력의 중앙 진출과 그 세력변화」, 『중원문화연구』 21, 2013.

거란 침입을 막아내다

거란의 귀화 요청을 거부한 영원한 충신
하공진(河拱振)_최연주
거란을 물리치다, 귀주대첩의 주역 강민첨(姜民瞻)_김광철

Ⅲ. 거란 침입을 막아내다

거란의 귀화 요청을 거부한 영원한 충신 하공진(河拱振)
_최연주

하공진(河拱振)은 진양(晉陽) 하씨(河氏) 시랑공파(侍郞公派)의 시조이다. 언제 태어났는지 알 수 없으나, 현종 2년(1011) 거란[요나라]에서 죽었다. 하공진이 살았던 11세기 초 동북아시아 정세는 매우 복잡하게 전개되었다. 고려는 거란과 국경을 접해 있었고, 두만강 주변에는 여진 부족이 있었다. 송나라와는 비록 국경을 접하지 않았으나 우호적인 관계를 유지하였다. 하지만 거란과는 조공과 책봉 관계를 둘러싼 지속적인 분쟁이 이어져 오고 있었다.

위기의 국가와 국왕을 지킨 무신

고려 성종 12년(993) 10월 거란은 갑자기 고려 침입을 감행하였다. 거란 침입에 고려는 당황하였으나, 서희(徐熙)가 거란의 속셈과 한계를 꿰뚫어 보고 협상에 나섰다. 그 결과 거란에 대한 사대를 전제로 여진이 차지하고 있던 전략적 요충지인 강동 6주를 얻는

| 고려 충절신 증시랑 하공진 장군의 사적비

성과를 거두었다.

성종 13년 압록강 요충지에 성을 쌓고 압강도구당사(鴨江渡勾當使)를 처음 설치하였다. 8월에 이승건(李承乾)을 임명하였으나, 곧 하공진으로 교체하여 그 임무를 수행하게 하였다. 압강도구당사는 국경 순찰 및 경계 근무를 주로 맡아, 압록강을 사이에 두고 거란 측의 내원성(來遠城)과 대처하며 국경 출입관리를 관장하였을 것이다.

목종(穆宗)이 즉위한 이후 하공진은 정5품 무관직으로 중앙군의 장군 다음가는 중랑장(中郎將)에 임명되었다. 목종 12년(1009) 봄에 왕이 관등행사에 참여하였다가, 갑자기 화재가 발생하여 천추전 등 궁궐이 불타자 탄식하다가 병이났다. 이 때 하공진은 친종장군(親從將軍) 유방(庾方)과 중랑장 유종(柳琮), 탁사정(卓思政) 등과 함께 침전이 있는 근전문(近殿門)에서 숙직을 하며 왕을 지켰다. 곧 강조(康兆)의 정변(政變)이 일어나 현종(顯宗)이 즉위하였다. 하공진은 정변 중에 김치양 일당을 진압한 강조 편에 섰다. 강조의 정변은 후일 거란 2차 침입의 빌미가 되었다.

한편 현종 1년 5월 상서좌사낭중(尙書左司郞中)이었던 하공진과 화주방어낭중(和州防禦郞中) 유종은 종신 유배형을 받고 섬으로 귀양을 갔다. 하공진과 유종이 동서계(東西界)에 근무할 때 군대를 마음대로 움직여 동여진 부락을 침입하였다가 패배 당한 것이 문제가 되어 신분적, 경제적 특권을 박탈당하고 유배되었다. 당시 유종은 동여진으로부터 패배 당한것을 괘씸히 여기고 보복의 기회를 엿보고 있었다. 마침 여

진 사람 95명이 고려로 오기 위해 화주관(和州館)에 들어오
자 모조리 죽였다. 왕은 두 사람에게 사건의 책임을 물었던
것이다. 이 사건이 거란 2차 침입에 영향을 준 것으로 보기
도 하지만 직접적인 원인이라고 할 수 없다.

거란과 종전 협상을 주도한 전략가

거란은 자신이 책봉한 목종을 마음대로 폐위한 강조를 토
벌한다는 명분을 내세워 동정군(東征軍) 40만을 동원하였다.
거란 침입의 숨은 진의는 따로 있었다. 고려가 여전히 송나
라와 이중 외교를 하면서 거란과의 사대 외교에 충실히 않
았기 때문에 침입하였다. 당시 거란은 고려와 송나라가 서
로 연합하고 여진과 더불어 거란을 협공하지 않을까 두려워
했다. 고려와 송나라의 통교를 차단시키고자 함이 일차적인
침입 목적이었다. 그리고 1차 침입 후 고려에 양도한 강동
6주를 탈환하여 고려의 북방진출에 대해 사전에 방비하고,
후일 대여진(對女眞) 공략을 위한 전략적 요충지를 확보하려
는 의도도 있었다.

거란은 배후에 있는 송나라의 거란 침공을 의식하여 전쟁
을 빨리 끝내고자 고려 북방의 주요 성을 건너뛰면서 진격
하였다. 압록강을 건넌지 8일 만인 11월 24일 통주성에서
강조를 포로로 잡았다. 곧 곽주(郭州, 지금의 평북 정주군 곽산면)
를 거쳐 평양을 함락시켰다. 현종은 종신 유배형을 받고 섬
으로 귀양을 보냈던 하공진과 유종을 사면 복직시켰다. 한
편 강감찬은 2차 침입의 원인이 강조에게 있다는 점을 주장

하며 후일을 도모하기 위해 왕께서 남쪽으로 피난가기를 권유하였다. 현종은 27일 밤 지채문(智蔡文)을 호위로 삼아 후비(后妃)와 이부시랑 채충순 등, 금군(禁軍) 50여 명과 함께 개경을 출발하였다.

왕이 피난할 때 적성현(積城縣)에서 반란 조짐이 있었는데, 누군가 하공진이 연루되어 있음을 암시하자 왕과 지채문 등이 그를 의심하였다. 그러나 하공진과 유종은 군사를 이끌고 왕이 있는 곳으로 가고 있었고, 거란군에 패해 남쪽으로 달아나던 중군판관(中軍判官) 고영기(高英起)를 만나 20여명의 군사와 함께 이동하던 중이었다. 왕을 호종하던 지채문 등이 지금의 경기도 양주로 가는 도중 하공진을 만나 그 동안의 상황을 설명한 뒤 그가 아무런 연관이 없음을 알게 되었다. 곧 반란의 무리들이 도적질해 간 말과 안장 등을 되찾아 왕을 알현하자 손수 하공진과 유종 등을 위로하였다.

고려가 종전을 위해 적극 협상에 나서게 된 것은 유배에서 풀려난 하공진이 합류하면서 부터였다. 하공진은 경기도 양주에 머무르고 있는 왕에게 "거란은 본래 적도를 토벌한다는 명분을 내세웠으니, 이제 강조가 잡힌 마당에 사신을 보내어 화친을 청하면 저들은 반드시 군사를 돌릴 것입니다."라고 하면서 거란과의 강화를 적극 건의하였다. 하공진의 제안은 채택되고, 스스로 사절이 되어 표문을 받들어 거란 군영을 찾아가 협상에 착수하였다. 창화현(昌化縣, 지금의 경기도 양주군 회천읍)에 이르러 낭장(郎將) 장민(張旻)과 별장(別將) 정열(丁悅)에게 표문을 주어 먼저 거란 군영으로 보냈다. 부하를 먼저 보낸 이유는 고려가 거란군을 매우 두려워하고 있음을 의도적으로 보여주기 위한 전략이었다. 거란이 우위를 점하고 있음을 확인시켜 주고 협상을 하려 하였다. 그리고 장민과 정열에게 다음과 같이 말하도록 시켰다.

"국왕께서 와서 뵙기를 간절히 원하였으나 다만 군사의 위세를 두려워했습니다. 어려운 국내의 사정 때문에 강남(江南)으로 피난 가 있으므로, 배신(陪臣) 하공진 등을 보내어 사유를 말씀드리게 했습니다. 그러나 하공진 등도 황송하고 두려워 감히 앞에 나오지 못하오니 청하옵건대 속히 군사를 거두소서." 하공진은 왕이 직접 오려 했다는 말을 꺼내면서 협상을 시작하려고 하였으나, 장민 등이 거란 군영에 미처 닿기도 전에 예기치 못한 상황이 발생하였다. 거란군의 선봉이 창화현까지 진군하자 하공진의 예상대로 협상은 전개되지 못했다. 이에 하공진이 그 동안의 상황과 그 의미를 자세히 진술하였으나, 거란 측에서 "국왕은 어디 있느냐?"고만 물었다. 이에 하공진은 "왕께서는 지금 강남으로 가고 있는데 있는 곳을 모른다."고 대답하였다. 거란은 협상에 임하지 않고 왕의 위치에 대해 계속 물었고, 먼 곳인지 가까운 곳인지를 계속 묻자, 하공진이 "강남은 너무 멀어서 몇 만리(萬里)가 되는지 알 수 없다."고 하니 추격하던 군사를 되돌려 오게 하였다.

현종 2년 봄 정월 하공진은 고영기와 함께 다시 거란 군영으로 가서 회군을 요청하였다. 거란 성종은 이를 허락하면서 두 사람을 억류하였다. 이 때 협상 과정에서 국왕의 친조를 제안한 것으로 추정된다. 한편 현종은 광주(廣州: 지금 의 경기도 광주군)에 머물고 있었는데, 하공진 등이 붙잡혔다는 소식이 전해지자 호종하는 여러 신하들이 모두 놀라고 두려워서 흩어져 달아났다. 왕의 곁에 채충순, 시랑 충숙과 장연우·충순·주저·유종·김응인 만은 있었으며, 겨우 전라도 나주에 도착하였다. 하공진은 거란과의 협상 등 상황을 정리하여 통사 사인(通事舍人) 송균언(宋均彦)과 별장 정열 편으로 보고하였다. 나주에 도착한 왕은 하공진이 보낸 글을 보고 거란이 비로소 물러갔음을 알게 되었다.

| 진주성내에 위치한 하공진의 영정과 위패를 봉안한 경절사

두 나라를 마음에 품을 수 없었던 충신

한편 거란 성종은 귀국하는 길에 양규 등의 추격을 받아 큰 손실을 입었고, 고려 원정에서 아무런 소득을 얻지 못하였다. 결과적으로 전쟁은 거란의 승리로 마무리되지 못한 것이다. 하공진과의 교섭과정에서 고려 국왕이 친조할 것이라고 암시하였으므로 거란은 줄곧 이를 요구하였다. 그러나 그 교섭은 임시방편이었고, 고려는 국왕의 친조를 실행할 수 없었다. 거란에 억류되었던 하공진이 고영기와 함께 성종의 비위를 맞추며 환국할 계획을 은밀히 세운 다음, "본국은 이제 이미 망한 처지이니 저희들이 군사를 이끌고 가 국정을 사찰하고 오도록 해주십시오." 하고 건의하니, 거란왕이 허락하였다. 그러나 고려 국왕의 친조 문제가 현실화되면서, 거란과의 3차 전쟁으로 이어진다. 이 과정에서 하공진은 거란에서 죽게 된다.

고려 현종이 개경으로 돌아왔다는 소식을 들은 거란 성종은 고영기를 중경(中京), 하공진을 연경(燕京)에 각각 살게 하고 벼슬 높은 집안의 딸을 아내로 삼아 주었다. 아마도 거란 성종은 하공진과 고영기를 따로 떨어져 살게 하고, 강제로 결혼 시킨 것은 고려와 내통 등을 차단하고자 한 것으로 보인다. 하지만 두 사람은 고려에 대한 충성을 버리지 않았다. 특히 하공진은 귀국을 위해 좋은 말을 많이 사서 고려로 가는 길목 곳곳에 배치해 두었다. 그러나 이 계획이 탄로가 나 거란 성종으로부터 직접 국문을 받게 되었다. 하공진은 사실대로 모두 대답한 후, "제가 본국에 대해 감히 두 마음을 가질 수는 없습니다. 죄는 만번 죽어도 마땅합니다만 살아서 대국을 섬기기를 원치 않습니다."라고 자신의 의지를 강력히 표명하였다. 거란 성종은 의롭게 여기고 풀어주며 절개를 바꿔 충성하도록 설득하였다. 그러나 하공진은 그럴 수 없다고 강경하게 말하자, 마침내 그를 죽이고 심장과 간을 꺼내 먹었다고 한다.

하공진은 거란 성종의 귀화 요청도 거절하고 고려에 대한 충성을 고수하다가 처형되었다. 그 후 현종은 하공진의 공을 기록하고 아들 하측충(河則忠)에게는 녹봉을 올려주었다. 현종 16년에 "강민첨과 하공진의 공로는 모두 분명한데 상을 주는 것이 넉넉하지 않았다. 각각 그 아들에게 관직을 더하라."고 하였다. 또 문종 6년(1052)에 "좌사 낭중(左司郎中) 하공진은 통화(統和) 28년(1010)에 거란 군사들이 침입하자 죽음을 무릅쓰고 적의 군영으로 가 세 치의 혀를 휘둘러 대군을 물리쳤으니 공신각에 초상을 모셔야 할 것"이라는 조서를 내리고, 그의 아들 하측충에게는 5품직을 뛰어 넘는 관직을 주었다. 얼마 뒤 공훈을 다시 기록하고 상서 공부 시랑(尙書工部侍郎)을 추증하였다. 숙종도 하공진을 특별히 기억하고자 조치를 취하면서 그의 자손 중 한 사람을 관리로 채용하였다. 고려 후기에도 추가 공훈은 계속 이어졌다. 충선왕은 하공진의 공로를 높이 평가하면서 그 자손들에게 음서의 혜택을 부여하였다.

고려는 왕조의 존속에 공헌한 유공자들을 거듭 기념하면서 하공진의 희생을 높이 평가하여 충성스러운 영웅 모습으로 기리고자 하였다. 내외적으로 민족과 국가가 위기에 직면하였을 때 헌신한 하공진을 왕조의 영웅으로 인정하였다. 하공진은 위기의 고려 왕조를 구한 수호자로 기억되고 있었다.

참고문헌

『고려사』, 『고려사절요』.

한국중세사학회 편 『21세기에 다시 보는 고려시대의 역사』, 혜안, 2018.

이미지, 『고려시기 대거란 외교의 전개와 특징』, 고려대 박사학위논문, 2012.

김당택, 「고려 목종 12년의 정변에 대한 一考」, 『한국학보』 6, 1980.

박현서, 「북방민족과의 항쟁」, 『한국사』 4, 국사편찬위원회, 1981.

김대연, 「고려 현종의 즉위와 계단의 침략원인」, 『한국중세사연구』 22, 2007.

구산우, 「고려 현종대의 대거란전쟁과 그 정치·외교적 성격」, 『역사와 경계』 74, 2010.

이미지, 「고려시기 대거란 2차 전쟁 유공자와 그들에 대한 추가 포상」, 『한국사연구』 157, 2012.

거란을 물리치다, 귀주대첩의 주역 강민첨(姜民瞻)

_김광철

「문종이 즉위하자 다음과 같은 조서를 내렸다. "현종 9년 (1018) 거란이 무단히 침입했을 때, 병부상서·지중추원사 강민첨이 힘껏 싸워 반령(盤嶺)의 들에서 크게 승리했다. 거란이 패주하면서 버리고 간 무기와 갑옷들로 다니는 길이 막힐 지경이었으며, 이 전투에서 1만 명을 사로잡거나 목베었다. 그 전공을 돌이켜 생각해보건대 표창을 함이 마땅하거니와 공신각에 초상을 걸어서 후세 사람들의 모범이 되게 하라."」(『고려사』 강민첨전에서)

가계와 벼슬

진주강씨는 강이식(姜以式)을 시조로 삼고 본관을 진주로 하여 세계(世系)를 이어오면서, 16세손 강도(姜度)에 이르기까지 단계(單系)로 내려오다가, 강도 이후 강희경(姜希經)과 강종일(康宗一), 두 가계로 분화하게 된다. 강희경의 가계는 복민(福民)-창서(昌瑞)-계용(啓庸)·위용(渭庸)·원용(遠庸)으로 이어져 강계용의 가계는 박사공파(博士公派)로, 강위용의 가계는 소감공파(少監公派), 강원용의 가계는 시중공파

| 강민첨 영정

57

(侍中公派)로 다시 분화하였다. 강종일의 가계는 극술(極述)–보능(甫能)–민첨(民瞻, ?~1021)–단(旦)으로 이어지면서 은렬공파(殷烈公派)가 되었다.

강민첨(963~1201)은 고려 광종 14년(963) 11월 29일 진주목 치소 동쪽 옥봉산(玉峯山) 아래 개경향(開慶鄕)에서 태어났다. 아버지는 원윤 벼슬을 지낸 것으로 전하는 강보능이며 어머니는 거창신씨 신홍(愼弘)의 딸이다. 강민첨의 탄생지 개경향은 고려시대 특수 행정구역인 향·소·부곡의 향이기보다는 개경 '마을'이라는 의미로 쓴 것으로 보인다. 현재 은열사(殷烈祠)가 자리잡고 있는 곳으로 개경원(開慶院)이 있었던 곳인데, 『신증동국여지승람』 진주목 역원조와 『진양지』 (1625) 역원조에는 그 위치를 고을 동쪽 2리라고 기록하고 있으므로 이 곳이 치소 지역이라는 점에서 특수 행정구역으로서 '향'을 지칭하는 것은 아니라는 것을 알 수 있다.

| 강민첨 장군의 출생지인 진주시 옥봉동 은열사

| 은열사 뒤편 화강암 벽에 새겨진 글씨(경상남도 문화재자료 제14호)

『진양강씨세보』「은열강선생연보」에 따르면, 강민첨은 나이 15세 때인 광종 28년에 향교에 들어가 시서(詩書)와 예악(禮樂)을 학습했고, 학업을 마친 뒤에는 사교당(四敎堂)을 지어서 문(文)·행(行)·충(忠)·신(信)의 네가지 덕목을 고을 자제들에게 가르쳤다고 한다. 또한 고을 서쪽 우방산(牛芳山)에 세사(世祠)를 건립하여 선대의 진영(眞影)을 봉안하고, 이곳에서 독서에 전념하였다.

| 강민첨 장군이 수학했다는 학당이 자리했던 곳(현재 진주향교)

강민첨은 목종 8년(1005) 43세 때에 문과 제술과에 응시하여 급제하고, 이듬해에 도교령동정(都校令同正)·안변도호장서기(安邊都護掌書記)를 역임하였으며, 목종 10년에는 국자주부동정(國子主簿同正)·도호사록참군(都護司錄參軍)으로 활동했다. 목종 12년에는 상식직장동정(尙食直長同正)이 되었으며, 현종 원년(1010)에 애수진장(隘守鎭將)에 제수되어 이 해 11월에 거란군이 쳐들어오자 통군녹사(統軍錄事) 조원(趙元)과 함께 성문을 굳게 닫고 분전하여 격퇴하였다.

현종 3년에 도관 시원외랑(都官試員外郎)으로 승진하고 이 해 5월에는 동계 지역을 대상으로 약탈 행위를 자행한 동여진을 격퇴하기도 하였다. 다음 해에 내사사인, 현종 7년에 이부사인, 8년에 호부시랑, 9년에 태복경(太僕卿)으로 임명되었다. 이 해 12월 거란의 소배압(蕭排押)이 10만 대군을 이끌고 침공해오자 대장군으로서 부원수가 되어 이들을 격파하는 큰 공을 세웠다.

현종 10년 3월에 응양상장군 주국(鷹揚上將軍柱國)이 되고, 같은 해 8월에 동지추밀원사, 12월에 우산기상시로 벼슬을 옮기고 추성치리익대공신(推誠致理翊戴功臣)이 되었다. 현종 11년 3월에는 지중추원사·병부상서로 승진하고, 직산현에 건립 중인 봉선홍경사(奉先弘慶寺) 창건을 감독하여 완공하였다. 현종 12년 11월 사망하자 정부에서는 3일 간 조회를 정지하고 그에게 태자태부(太子太傅)를 증직했다.

평양성을 굳게 지켜 거란군을 철군하게 만들다

강민첨이 고려-거란전쟁에 참전하는 것은 현종 원년 (1010) 11월 거란의 2차침입때 부터이다. 거란 성종(聖宗)은 고려 침입의 구실을 찾기 위해, 현종 원년 7월 1일 급사중 양병(梁炳)과 대장군 나율윤(耶律允)을 보내 목종의 사망에 대하여 캐어물었다. 고려에서는 이를 무마하기 위해 같은 해 8월과 9월 두 차례에 걸쳐 사신을 파견하여 회유를 시도하였다. 그러나 거란의 침공 기도가 철회될 기미를 보이지 않자, 10월 1일 참지정사 강조(康兆)를 행영도통사(行營都統使)로 삼아 병사 30만 명을 통솔하여 통주(通州)에 진을 치고 거란에 대비케 하였다.

10월 8일 거란이 급사중 고정(高正)과 합문인진사 한기(韓杞)를 보내 전쟁을 선포하자 고려에서는 참지정사 이예균(李禮均)과 우복야 왕동영(王同穎)을 거란에 보내 화해를 청하였지만 소용이 없었다. 11월 16일 거란 성종은 직접 보병과 기병 40만 명을 거느리고 압록강을 건너 흥화진(興化鎭)을 포위하였다. 거란군은 도순검사(都巡檢使) 양규(楊規)에게 항복을 종용하면서 목종을 죽인 강조를 넘겨주면 회군하겠다고 하였다. 그러나 양규는 이를 거부하고 흥화진사인 호부낭중 정성(鄭成), 흥화진부사 장작주부 이수화(李守和), 판관 장호(張顥) 등과 함께 성을 굳게 지키며 항복하지 않았다.

거란 성종은 흥화진 공략이 여의치 않자 20만 대군을 인주(麟州, 지금의 평안북도 의주군)의 남쪽 무로대(無老代)에 주둔시키고, 나머지 20만 대군을 거느리고 강조의 본진이 있는 통주(通州, 지금의 평안북도 선천군)까지 진격하였다. 이 해 11월 24일 거란군이 동산(銅山) 아래로 이동하자, 행영도통사 강조는 군사를 거느리고 거란군을 맞아 싸웠다. 전투 초반에는 강조가 검차(劍車)를 활용한 전술로 거란군을 격파하는 성과를 거두었다. 그러나 몇 차례 승리가 계속되자 강조는 방심하였고, 이 틈을 타 강공을 펼친 거란군에 의해 본진이 함락되어 강조와 이현운(李鉉雲) 등 휘하 장수들이 대거 사로잡히거나 전사하는 대패를 당하였다.

12월 6일 거란군은 그 여세를 몰아 남하하면서 곽주를 함락시켰다. 방어사 조성유(趙成裕)는 밤에 도망쳤으며, 우습유 승이인(乘里仁)과 대장군 대회덕(大懷德)·신영한(申寧漢), 공부낭중 이용지(李用之), 예부낭중 간영언(簡英彦)은 모두 전사하였다. 성이 함락되자 거란은 병사 6천여 명을 남겨 이곳을 지키게 하였다. 이때 홍화진을 사수하고 있던 양규는 결사대 700여 명을 거느리고 통주로 가서 흩어진 패잔병 1천여 명을 모아 곽주에 머무르고 있던 거란군 6천여 명을 전멸시키고 양민 7천여 명을 구해 통주로 퇴각했다.

곽주를 함락시킨 거란군은 12월 8일 남하하여 청천강에 이르렀는데, 안북도호부사 박섬(朴暹)은 싸우지도 못하고 도망갔고 고을 민도 모두 흩어졌다. 12월 9일 거란군은 서경 가까이 진격하여 중흥사(中興寺)탑을 불태우고 10일에 숙주(肅州)를 함락시킨 다음, 노의(盧顗)를 향도로 삼아 거란인 유경(劉經)을 서경으로 보내 항복을 권유하였다.

서경성에 집결한 지채문(智蔡文), 탁사정(卓思政), 대도수(大

道秀) 등 고려의 지휘부는 일단 항복 요구를 거부했지만, 거란군의 포위망이 좁혀오는 가운데 대응방식을 놓고 분열하는 양상을 보였다. 12월 12일 탁사정과 승려 법언(法言)은 병사 9천 명을 거느리고 임원역(林原驛) 남쪽에서 반격하여 거란군 3천여 급의 머리를 베었고, 다음날 지채문도 공격해 오는 거란군을 격퇴하는 전과를 올렸다. 그러나 서경성 밖으로 나아간 탁사정은 보통강 서안 일대에 포진하고 있는 거란군의 군세를 보고는 도저히 승산이 없다고 판단한 나머지, 기습공격 계획을 포기한 채 휘하의 병사들을 거느리고 밤에 달아나버렸다. 탁사정의 도망으로 진퇴양난의 곤경에 빠진 대도수는 거란군의 포위망을 돌파하기 위하여 수차에 걸친 돌격전을 감행하였으나 번번이 좌절당하자 더 이상 대적할 수 없다는 사실을 알아차리고는 결국 부대를 이끌고 거란에 투항하고 말았다.

탁사정이 도망가고 대도수가 항복하자 장수들은 모두 흩어졌고, 성 안의 민심은 극도로 흉흉해졌다. 서경성은 이제 지휘체제가 마비되어 함락당할 위기에 휩싸였다. 이같은 위기 상황을 극복하는데 앞장선 인물들은 강민첨을 비롯한 중견급 장수들이었다. 12월 15일, 통군녹사(統軍錄事) 조원(趙元), 애수진장(隘守鎭將) 강민첨, 낭장 홍협(洪叶)·방휴(方休) 등이 발벗고 나서서 성내에 남아 있던 군민의 대오를 수습하여 방어태세를 재정비하였다. 그들은 조원을 서경병마사(西京兵馬使)로 추대하여 서경성 방어작전을 총지휘하도록 한 다음, 성문을 굳게 닫고 접전을 회피하면서 거란군이 지치기를 기다려 기습공격을 가하기로 하였다. 그들은 장수들과 함께 신사(神祠)에 기도를 올리고, 점을 쳐서 길조를 얻는 방법으로 전쟁에 참여한 병사와 서경 주민들의 저항 의지를 결집시키고 사기를 진작시켰다.

강민첨은 당시 나이 48세로 애수진장의 지위에 있었다. 애수진은 지금의 함경남도 수동구 성남리에 해당하는 지역으로, 고려 성종 2년(983)에 성을 쌓고 처음에는 문주에 예속시켰다가 공민왕 9년(1360)에 고주에 소속시켰다. 애수진은 이처럼 서경과는 떨어진 곳이었지만, 거란군을 막기 위해 진장 강민첨과 그 휘하 병사를 서경 방어에 투입시킨 것이다. 새로 서경병마사를 맡은 조원은 3년 전인 목종 10년(1007) 6월 과거에 합격한 후 이때 군사 지휘의 실무자인 통군녹사로 활동하고 있었다.

이 후에도 거란군은 여러 차례 서경성을 공격하였으나, 강민첨과 조원이 이끄는 고려 군민들은 그때마다 강력히 거란군의 공격을 막아냈다. 12월 19일에는 "서경의 신사(神祠)에 회오리바람이 갑자기 일어나 거란의 군사와 말이 모두 넘어졌다."고 기록될 정도로 서경의 고려군은 거란군 진영에 기습공격을 가하여 큰 승리를 거두었다. 몇 차례의 공격에도 서경성을 함락시키지 못한 거란군은 12월 26일 결국 서경성에 대한 포위망을 풀고 개경을 향하여 남진하였다.

강민첨 등이 주도한 서경성 사수 작전은 거란군의 주력부대를 장기간 서경성 부근 일대에 묶어두어 그 군사행동을 지연시킴으로써 서북계 남북로의 고려군이 반격 태세를 갖

출 수 있는 시간적 여유를 갖도록 해주었다. 뿐만 아니라 서
경성에 대한 점령 실패로 배후의 위협이 가중되던 상황 속
에서 고려 국왕이 강화 조건으로 친조를 제시하자 거란 성
종은 이를 수용하고 회군길에 오르게 했다. 거란의 성종은
고려원정에서 아무런 소득을 보지 못하고 도리어 철군할 때
기습을 받아 병사와 군마 그리고 병기 등에 막대한 손실을
입었고, 얻은 것이라고 해야 실현 불가능한 현종의 친조약
속과 하공진 등의 인질밖에 없었다.

동해안 주민을 괴롭히는 동여진을 격퇴하다

고려초 여진(女眞)에 대해서는 『고려사』에서 동여진(東女眞)
과 서여진(西女眞)으로 구분하여 기록하고 있다. 발해 때 말
갈족의 흑수부(黑水部)를 여진으로 불렀던 것인데, 이들 흑수
말갈은 거란의 통치 아래 두만강 유역으로 이동해 살았고,
고려는 이들을 흑수여진, 동여진, 동번(東藩)이라 했으며,
압록강 유역의 여진을 서여진이라 하였다.

고려시대 여진과의 접촉에 관한 첫 기록은 정종 3년(948)
가을 9월에 동여진(東女眞)에서 대광(大匡) 소무개(蘇無蓋) 등
을 보내 말 700필과 토산물을 바쳤다는 사실인데, 이로 보
아 여진과의 접촉은 고려 건국 직후부터였다고 볼 수 있다.
그것은 태조 19년 9월 후백제와의 일리천 전투에서 고려의
대상 유금필(庾黔弼)과 원윤 관무(官茂)·관헌(官憲) 등이 흑수
(黑水)·달고(達姑)·철륵(鐵勒) 등 제번(諸蕃)의 정예 기병 9천
5백명을 거느려 참전하고 있는 데서 엿볼 수 있다.

성종대에 이르면 여진 문제가 국방 상 중요한 정책 현안이되었다. 성종 3년(984) 5월에 형관어사(刑官御事) 이겸의(李謙宜)에게 명하여 압록강가에 성을 쌓아 관문(關門)으로 삼으려 했으나, 여진이 군사를 동원하여 이를 방해함으로써 성을 쌓을 수 없을 정도였다. 성종 10년 3월에는 압록강 밖의서여진을 백두산 밖까지 축출하기도 하였다. 13년에는 평장사 서희(徐熙)에게 명하여 병사를 거느리고 여진을 쳐서 쫓아내고, 장흥(長興)·귀화(歸化) 두 진(鎭)과 곽주(郭州)·구주(龜州)에 성을 쌓게 하였다.

한편 여진은 거란에 관한 정보를 전해주기도 했다. 성종 12년 5월과 8월 두 차례에 걸쳐 거란군이 침입할 것이라는사실을 전해줌으로써 각 도에 병마제정사(兵馬齊正使)를 보내어 대비할 수 있었다. 이처럼 성종대의 여진정책은 북진정책과 맞물려서 강온양면 정책을 지향하고 있었다.

그런데 여진과의 이같은 안정적인 관계는 목종 말기에 이르러 강경책으로 선회하였다. 목종 8년(1005) 정월 동여진이 등주(登州, 안변)를 침략하여 주진(州鎭)의 부락(部落) 30여곳을 불태웠다. 고려에서는 장수를 보내 그들을 막는 한편,진명현(鎭溟縣)·금양현(金壤縣)·곽주(郭州)에 성을 쌓았다. 축성사업은 계속되어 이듬해에는 용진진(龍津鎭)과 구주(龜州)에,그 다음 해는 흥화진(興化鎭)·울진(蔚珍)·익령현(翼嶺縣)에, 11년에는 통주(通州)와 등주(登州)에 성을 쌓아 대비하였다.

현종 초의 여진 정책은 온건론을 유지할 수밖에 없었다.거란의 침입이 가시화되면서 불가피한 조치였다. 그것은 현종 원년(1010) 5월 내조(來朝)한 여진 95명을 죽인 책임을 물어 상서좌사낭중 하공진(河拱辰)과 화주방어낭중 유종(柳宗)을 먼 섬으로 유배보낸 사실에서 엿볼 수 있다. 현종 2년 5월에 동북여진의 추장 조을두(鉏乙豆)가 무리 70명을 인솔하고 와서 토산물을 바친 것이나, 3년 2월에 여진의 추장 마시저(麻尸底)가 30개 성씨 부락의 자제를 인솔하고 와서 토종말을 바친 것은 이러한 유화 조치에 따른 것이었다.

그러나 고려의 이같은 유화조치에도 불구하고 여진의 침입은 그치지 않았다. 현종 2년 8월 동여진은 배 100여 척을 동원하여 경주를 침략하였으며, 3년 5월에는 오늘날 포항시 일대인 청하현(淸河縣)·영일현(迎日縣)·장기현(長鬐縣)을 침략하였다. 이 때 동여진의 침입은 고려군이 방어하던 동계의 육상 교통로를 통과하였거나 혹은 해상으로 이동하여 동해 남단에 위치한 포항시 일대를 약탈하였던 것으로 보인다. 동여진이 동남해안 지역에 출현하자 고려는 즉각 진압군을 파견하여 대응토록 하였다. 이에 강민첨을 중심으로 도부서(都部署) 소속의 문연(文演), 이인택(李仁澤), 조자기(曹子奇) 등이 지휘부를 구성하여 동여진 해적을 격퇴하였다.

귀주대첩 : 강감찬과 함께 거란 10만 대군을 물리치다

현종 원년(1010) 11월의 2차 침입에서 이렇다할 성과를 거두지 못하고 철군한 거란 성종은 철군의 조건이었던 고려 국왕의 친조와 강동6주의 반환을 실천에 옮기라고 계속 요구하였다. 현종 3년(1012) 4월 거란은 국왕의 친조를 요구하는 조서를 전달했고, 2개월 뒤 6월에 형부시랑 전공지(田拱之)를 거란에 보내 왕이 병에 걸려 친히 조회하러 올 수가 없다고 통보하자, 거란 성종은 분노하며 흥화성(興化城)·통주성(通州城)·용주성(龍州城)·철주성(鐵州城)·곽주성(郭州城)·구주성(龜州城) 등 강동의 6개 성을 차지하겠다는 조서를 내렸다. 강동 6주에 대한 반환 요구는 이후에도 현종 4년 3월과 7월, 5년 9월, 6년 4월과 9월 등 다섯 차례에 걸쳐 제기했다.

고려 정부가 국왕의 친조와 강동 6주의 반환을 거부하자, 거란은 현종 5년(1014) 10월부터 다시 침략을 개시하였다. 이 해 10월 6일 거란은 소적렬(蕭敵烈)을 보내 통주(通州)를 침략하였다. 이번의 침공은 흥화진(興化鎭) 장군 정신용(鄭神勇)과 별장 주연(周演)의 활략으로 격퇴되었는데, 700여 급을 베었고 강에 빠져 죽은 자도 매우 많았다.

현종 6년 1월에 거란은 고려 침공을 준비하기 위해 압록강에 다리를 만들고, 다리 동쪽과 서쪽에 성을 쌓았다. 고려에서 이를 공격하여 파괴하려 했으나 성공하지 못했다. 이 해 1월 22일에는 거란군이 흥화진(興化鎭)을 포위했다가 물러났고, 다음 날에는 또다시 통주를 침략하였다. 3월 19일에는 용주(龍州)를 침략했고, 9월 12일에 다시 통주를 공격하여 왔다. 이 때 정신용과 주연, 산원(散員) 임억(任憶), 교위(校尉) 양춘(楊春), 태의승(太醫丞) 손간(孫簡), 태사승(太史丞) 강승영(康承穎) 등이 거란군의 배후를 공격하여 700여 급을 베는 전과를 올렸으나, 정신용 등 6명은 이때에 전사하였다. 9월 20일에는 영주성(寧州城)을 공격하였으나 함락시키지 못하고 퇴각했지만, 선화진(宣化鎭)과 정원진(定遠鎭)을 탈취하여 성을 쌓았다.

현종 7년 1월 5일 거란의 야율세량(耶律世良)과 소굴열(蕭屈烈)이 곽주를 침략하여 수만 명에 이르는 우리 측 사상자를 내게 한 후, 군수품을 탈취하여 돌아갔다. 8년 8월 28일에는 거란(契丹)의 소합탁(蕭合卓)이 흥화진을 9일 간 포위하여 공격하였으나 이기지 못하였다.

고려 정부는 계속되는 거란군의 침략으로 위기에 직면하게 되자, 현종 6년 11월 민관시랑 곽원(郭元)을 송나라에 사신으로 파견해 거란이 해마다 침략한다고 보고하고, 구원을 요청하는 표문을 전달했다. 현종 9년 5월 21일에는 3년 전인 현종 6년 거란과의 전투에서 전공(戰功)이 있는 자에게 관직의 등급을 올려주고 전사한 자는 부의(賻儀)를 넉넉하게 더해주는 조치를 취해 거란 침략에 맞서 단결과 단합을 시도하였다. 아울러 9년 10월에는 예빈소경 원영(元永)을 거란(契丹)에 보내 화의를 청하기도 했다.

현종 9년 12월 10일 거란은 소배압(蕭排押)이 10만 대군을 거느리고 고려를 침략하였다. 이에 앞서 거란 성종은 10월 27일 조서를 내려 동평군왕(東平郡王) 소배압(蕭排押)을 도통(都統)으로 삼고 전전도점검(殿前都點檢) 소허열(蕭虛列)을 부통(副統)으로, 동경유수(東京留守) 야율팔가(耶律八哥) 도감(都監)으로 삼아 고려 정벌을 명한 바 있다. 정벌군을 편성한지 한 달 남짓 지나서 침략전쟁이 시작된 것이다.

소배압의 거란군을 격퇴하기 위해 고려에서는 평장사 강감찬(姜邯贊)으로 상원수, 대장군 강민첨(姜民瞻)을 부원수, 내사사인 박종검(朴從儉)과 병부낭중 유참(柳參)을 판관으로 삼아 3군(三軍)을 편성하여 대비하였다. 강민첨은 동여진 정벌 후 내사사인으로 승진하고 이어서 태복경의 벼슬을 하고 있었는데, 이 때 대장군의 직함도 가져 출정하였다.

강감찬과 강민첨은 거란군 규모의 두 배나 되는 20만 8천 명의 군사를 지휘하여 영주(寧州, 지금의 평안남도 안주시)로 나아가 본진의 군영을 설치하고 대기하였다. 강감찬은 거란군이 흥화진(興化鎭, 지금의 평안북도 신의주시)을 경유하여 남침할 것을 예상하고 강민첨에게 그 방어의 책임을 맡겼다. 이에 강민첨은 군사를 거느리고 흥화진으로 가서 다음과 같이 기병을 주축으로 하는 매복 기습작전과 강물을 이용하는 수공작전을 써서 거란군을 대패시키고 승리하였다.

흥화진에 이르러 기병 1만 2천 명을 뽑아 산골짜기에 매복시킨 후, 동아줄로 소가죽을 꿰어 성 동쪽의 큰 냇물을 막고 기다렸다. 적이 다가오자 막아 놓았던 물줄기를 터뜨리고 복병을 돌격시켜 크게 패배시켰다.(『고려사』 권94, 열전7, 강감찬전)

소배압은 이 전투에서 패하여 많은 사상자를 내고서도 개경을 공격하러 곧장 동쪽으로 진격하자, 강민첨이 이를 추격하여 자주(慈州, 지금의 평안남도 평성시)의 내구산(來口山)에서 참패시켰다. 이어서 거란의 2차 침입때 서경성 전투를 지휘했던 시랑 조원(趙元)이 이끄는 고려군이 남하하는 거란군을 마탄(馬灘)에서 크게 격파하여 1만여 명을 죽이는 전과를 올렸다.

해가 바뀌어 현종 10년 1월 2일 경 거란의 군사가 개경에 가까이 이르자 강감찬은 병마판관 김종현(金宗鉉)에게 군사 1만 명을 거느려 개경으로 들어가 방위토록 하고, 동북면병마사도 군사 3천여 명을 이끌고 개경으로 들어와 방어를 돕게 했다. 다음 날 소배압이 거느린 거란군이 개경에서 100여 리 떨어진 신은현(新恩縣, 지금의 황해북도 신계군)에 이르자, 왕은 성 밖의 민호를 전부 성안으로 들어오도록 하고 들판의 작물과 가옥을 전부 철거토록 하는 청야전술로 대응하면서 도성의 방비를 강화하였다.

거란군은 이후 20여 일 간 개경 공략을 모색하지만, 거듭되는 패전으로 군사의 사기가 떨어져 있는 데에다, 개경 공략이 쉽지 않자 소배압은 철군을 결정하고 1월 23일 말머리를 연주(連州, 지금의 평안북도 개천군)와 위주(渭州, 지금의 평안북도 영변군) 쪽으로 돌렸다. 이 때에 강감찬 등이 기습하여 500명 넘게 목을 베었다.

현종 10년 2월 1일, 마침내 '귀주대첩'의 날이 밝았다. 이 날 회군하던 거란군이 귀주(龜州, 지금의 평안북도 구성시)를 지나려 하자, 강감찬과 강민첨 등은 동쪽 교외에서 요격했는데, 양쪽 진영은 막상막하로 승패를 결정짓지 못했다. 이 때 개경 수비를 담당했던 김종현의 군사가 가세하고, 풍향 또한 유리한 방향으로 불어줌으로써 전세가 고려 쪽으로 기울기 시작했다. 강민첨은 북을 울리며 고려군의 사기를 고양시키는 한편 공세적인 전술로 전환하여 적극적인 돌격전을 감행하였다. 고려군의 돌격에 무너진 거란군은 반령(盤嶺)의 들판으로 도주하기 시작하였고, 강민첨은 이곳에서 다음과 같이 거란군의 주력 대부분을 섬멸하는 빛나는 전과를 거두었다.

거란군이 북쪽으로 달아나자 아군이 그 뒤를 쫓아가서 공격하였는데, 석천(石川)을 건너 반령(盤嶺)에 이르기까지 쓰러진 시체가 들판을 덮었으며 사로잡은 포로와 노획한 말·낙타·갑옷·병장기를 이루 다 셀 수 없을 지경이었다. 살아서 돌아간 자가 겨우 수천 명이었으니 거란이 이토록 참혹하게 패배한 것은 전례가 없었다.(『고려사』권3, 현종 10년 2월 1일 기축)

참고문헌

『고려사』, 『고려사절요』, 『요사(遼史)』.
김재만, 『거란 고려관계사연구』, 국학자료원, 1999.
안주섭, 『고려 거란 전쟁 : 압록강 연안에서 전개된 영토확장 전쟁』, 경인문화사, 2003.
강현자, 「고려 현종대 봉선홍경사의 창건배경」, 『중앙사론』 21, 2005.
구산우, 「고려 현종대의 대거란전쟁과 그 정치·외교적 성격」, 『역사와 경계』 74, 2010.
신성재, 「고려 현종대 강민첨의 생애와 군사활동」, 『백산학보』 109, 2017.
전경숙, 「고려 현종대 거란과의 전쟁과 군사제도 정비」, 『역사와 담론』 82, 2017.

IV

유학의 진흥, 유교 지식인으로 살기

초계의 유학자, 정배걸(鄭倍傑)_이종봉
난세(亂世)의 선비, 박의중(朴宜中)_신은제

Ⅳ. 유학의 진흥, 유교 지식인으로 살기

초계 출신의 유학자, 정배걸(鄭倍傑)_이종봉

정배걸은 초계정씨의 시조이다. 생몰은 정확하게 알지 못
한다. 다만 현종 8년(1017) 3월 곽원(郭元)이 주관한 과거에
서 장원으로 급제한 점을 고려하면 성종 때에 태어났을 것
으로 유추된다. 그리고 『고려사』에 문종 34년(1080) 예부상
서(禮部尙書) 중추사(中樞使)인 정배걸에게 '충성스럽고 곧기
가 짝이 없으며 재주와 식견이 뛰어났으니, 시대가 비록 오
래되었으나 내 어찌 잊으리오. 남다른 은총을 내려서 과인
이 어진 사람을 사모하는 뜻을 밝혀야 하겠다'고 하면서 '홍
문광학추성찬화공신 개부의동삼사 수태위 문하시중 상주국
광유후(弘文廣學推誠贊化功臣 開府儀同三司 守太尉 門下侍中 上柱國
光儒侯)'라는 최고의 관직을 추증(追贈)하였다.

광유후의 작위를 받다

문종은 시기가 비록 오래되었지만, 정배걸을 잊지 못한다
고 하면서 관직을 추증한 것을 고려하면 문종 34년보다 이
전에 죽었음을 알 수 있다. 그런데 문종이 정배걸에게 문하
시중과 함께 광유후의 작위를 준 것은 현종 14년(1023) 신라
의 유학자인 최치원(崔致遠)의 문창후(文昌侯)에 버금가는 직
을 내렸음을 알 수 있다. 이러한 점은 문종대의 정배걸의 위

상을 다시 한번 생각하게 한다.

옥전고분군 부근에 위치해 있는 옥전서원 전경(합천군 쌍책면 성산리)

초계인, 중국 고전을 일찍부터 섭렵하다

정씨는 주(周)·변(卞) 등과 함께 『세종실록』에 초계군의 토성이었다. 토성은 지역의 토착성씨를 말한다. 정씨는 고려 때 초계군(현 합천군 초계면)의 대표적인 토착 성씨로, 이미 고려 초기뿐만 아니라 조선초기에도 지역의 중요 성씨였다. 정배걸의 선대는 아마도 신라 말기에 호족세력이었다가, 고려의 후삼국 통일 이후 향리로 전환되었으므로, 지역의 지배세력이었다. 그는 초계(현 합천군 초계면) 출신이지만, 그의 선대가 어떤 이유로 초계에서 거주하였는지는 기록이 없어 정확하게 알 수 없다.

그는 『동사강목』에 7세 때 『시경』과 『서경』에 통달하였다고 기록하고 있으므로 아주 어렸을 때부터 영특하였고, 『시경』과 『서경』뿐만 아니라 중국의 고전인 사서삼경을 두루 섭렵하였을 것으로 유추된다. 정배걸이 이렇게 일찍 중국 고전

75

을 배울 수 있었던 배경에는 통일신라 이후부터 유학의 확
산과 함께 나말여초기의 〈용두사당간기〉를 통해 알 수 있는
것처럼 지방에 학원, 즉 학교가 설립되어 있었던 점도 영향
을 받았을 것으로 유추된다. 그의 가문은 나말여초기에 중
국의 고전을 일찍 접하였고, 이러한 가문의 영향으로 사서
삼경을 두루 섭렵하였던 것이 과거에 급제할 수 있는 요인
이었다.

과거에 수석 합격하다

고려는 후주에서 귀화한 쌍기(雙冀)의 건의에 의해 광종 9
년(958) 과거제를 시행하였는데, 이를 통해 국가의 통치에
필요한 인재를 선발하였다. 고려전기에 활동한 대표적인 인
물인 최항(崔沆)·최충(崔沖) 등도 과거에 수석 합격하였고,
그 후 관인으로 진출하였다. 민들은 어렸을 때부터 과거에
매진하였고, 또 합격하기를 바랐지만, 모든 민이 과거에 급
제할 수 있었던 것은 아니었다. 수석 합격은 더 어려웠다.
정배걸은 『고려사』에 예부시랑 곽원(郭元)의 과거 주관으로
진사를 뽑을 때인 현종 8년 을과에 수석으로 급제하였다.
이때 합격한 인물들은 알 수 없지만, 정배걸이 수석 합격하
였다는 사실을 통해 그의 능력을 평가할 수 있다.

고려의 과거는 1차시험인 개경의 거주자와 달리 지방의
향시(향공시)가 있는데, 여기서 합격한 민을 대상으로 국자
감시에 응시할 수 있게 하였고, 합격한 사람을 진사라는 호
칭과 함께 예부시에 응시할 수 있게 하였다. 예부시는 초

장·중장·종장으로 이루어졌는데, 여기에 합격하면 당당하게 관직에 오를 수 있다. 그리고 예부시의 합격자는 왕과 대면하여 특별 시험을 보는 복시가 기다리고 있었다. 정배걸은 어떤 과거에 합격하였을까? 정배걸은 향시를 거쳐 국자감시에 합격하였거나 아니면 오늘날 국립대학인 국자감에 입학하여 급제하였을 가능성도 있다. 그런데『동국여지승람』과『여지도서』초계군 인물조에 정배걸은 '顯宗丁巳(현종 8, 1017)殿試第一人'이라고 기록하고 있다. 정배걸은 초계출신이므로 향시(향공시)를 비롯한 여러 시험의 단계를 거쳐 현종 앞에서 시험을 보는 복시에 합격하였음을 알 수 있다. 정배걸이 어려서부터『시경』과『서경』을 비롯한 고전에 능통하였기 때문에 가능하였던 것이다.

중앙의 관인으로 두각을 나타내다

과거 합격이후『고려사』에 기록되어 있는 첫 관직은 좌습유지제고(左拾遺知制誥)이고, 문종 원년(1047) 중추원부사(中樞院副使)로 과거 시험을 주관하기도 하였다. 그리고 문종 34년 정배걸에게 관직을 추증할 때 예부상서 중추사(禮部尙書中樞使)로 부르고 있었다. 정배걸은 이 외에도 다양한 관직을 역임하였을 것으로 유추되지만, 이런 관직을 대표적으로 역임하였을 것이다. 좌습유는 중서문하성의 낭사(郎舍)인데, 간관으로서 간쟁(諫諍)·봉박(封駁)을 담당하는 직이고, 중추원은 군사기무(軍事機務)와 왕명출납(王命出納)·숙위(宿衛)를 담당하던 중앙관부로 송의 추밀원 제도를 모방해 설치하였는데, 중서문하성과 함께 양부라 불리울 정도로 중요한 관직이었다. 마지막의 예부상서는 민의 교육과 외교 등을 담당하는 정 3품의 직이었다. 이로 볼 때 정배걸은 중앙의 중요관직을 역임한 관인이었고, 후손들도 계속 관인으로 진출할 수 있는 길을 열어 주었다.

홍문공도, 문헌공도와 사학의 쌍벽을 이루다

고려는 중앙의 교육기관으로 공립인 국자학·태학·사문학 등을 두었을 뿐만 아니라 사학(私學)을 설립하여 민들에게 유교 경전을 비롯한 다양한 내용들을 공부할 수 있게 하였다. 중앙의 사학은 12개가 설립되어 '사학12도'라 불렸다. 사학의 시초는 문종 때 최충이 설립한 학당이었는데, 학생들을 9재(齋)에 나누어서 교육하였다. 이곳의 학생들을 최충의 호를 따 '시중최공도'라 하였고, 문종 22년 최충이 죽은 뒤에는 그의 시호(諡號)를 따서 문헌공도(文憲公徒)라 하였다.

개경에는 이후 여러 인물들이 사학을 설립하였는데, 문헌공도와 함께 이름을 날린 곳이 정배걸의 홍문공도(弘文公徒)이다. 문종은 앞에서 서술한 것처럼 정배걸을 '홍문광학추성찬화공신'이라 칭하면서 여러 관직을 추증하였는데, 홍문공도는 여기에서 유래되었다. 정배걸은 문종 15년 무렵에 사망하였을 것으로 추정되므로, 홍문공도를 그 이전에 설립하여 자제들을 교육하였을 것이다. 최충의 문헌공도에 다수의 학생이 모여 교육받았던 것처럼 홍문공도에도 정배걸의 위상을 고려할 때 많은 학생들이 모여들어 유학교육을 받았을 것이다. 정배걸은 문종대 이후 최충과 함께 사학 교육을 주도한 인물이었을 뿐만 아니라 고려후기까지 많은 영향을 주었다.

| 초계 정씨의 시조 정배걸 선생을 배향하고 있는 옥전서원

정배걸의 후손들, 귀족 가문을 이루다

정배걸의 부인은 최씨였는데, 누구의 딸인지 알지 못한다. 부인 최씨 사이에는 자식이 없었지만, 후에 부실을 얻어 유복자로 정문(鄭文)이 태어났다. 정문은『고려사』에 의하면 정배걸의 영특함을 물려받았는지, 나이 겨우 15~16세 때에 노성한 사람같이 의젓하였고, 국자감시(國子監試)에 응시하여「군위민천부(君爲民天賦)」를 지었는데, "만물이 시들어진다면 나는 비와 이슬 같은 은혜를 베풀 것이요, 풍속이 완악하고 흉악해진다면 나는 천둥과 벼락같은 노여움을 내리리라."라고 하자, 문종이 듣고서 여러 차례 칭찬하고 감탄하였다. 정문은 여러 관직을 거쳐 숙종 때 형부상서 정당문학 겸태자빈객(刑部尚書 政堂文學 兼太子賓客)에 임명되었고 검교사공 예부상서(檢校司空 禮部尚書)를 더하였다. 병으로 졸하자 숙종이 매우 슬퍼하며 특진 좌복야 참지정사(特進 左僕射 叅知政事)에 추증하였고 시호를 정간(貞簡)이라 하였다.

| 합천군 쌍책면 성산리의 정배걸 묘(위 봉분 두기는 정배걸과 부인 최씨, 아래 봉분은 부실 최씨의 묘)

정문은 정복공(鄭福公)·정복경(鄭福卿)·정복유(鄭福儒) 세 아들을 두었는데, 정복경은 예종 때 전시에 급제하여 예종·인종·의종 때 여러 관직을 거쳐 시군기소감(試軍器少監)이 되고 자금어대(紫金魚袋)를 하사받았다. 이처럼 정배걸과 그의 자손들은 과거에 급제하여 관인으로 활동하였고, 이를 토대로 초계정씨는 고려전기에 귀족가문으로 나름 위상을 가졌음을 엿볼 수 있다.

참고문헌

『고려사』, 『고려사절요』, 『동국여지승람』, 『여지도서』, 〈정복경묘지명〉.

"그대 나이 젊고 재주와 명성이 크니 (先生年少才名大), 한가한 사람들처럼 세상 밖을 떠돌지 마오(莫學閑人物外遊)" 공민왕대 공신이자 지도첨의사인 유숙

| 『고려사』 권112, 열전 제신 박의중(동아대 소장본)

(柳淑)이 공민왕 11년 박의중을 장원으로 선발한 뒤, 보낸 시의 마지막 구절은 이렇듯 기대감에 차 있었다. 홍건적의 침입을 가까스로 이겨 낸 뒤, 실시한 과거에서의 장원급제 이니, 유숙으로서는 나라의 새로운 동량에 대한 기대가 적지 않았을 터였다. 좌주(座主) 유숙의 기대에 부응하여 박의중은 재주와 명성으로 분주히 난세와 싸우며 긴 관직생활을 이어갔다.

이름난 가문, 밀양박씨

그의 문집 『정재일고(貞齋逸稿)』에 실린 신도비명에 의하면, 박의중은 1337년(충숙왕 후6)에 출생했다. 박의중은 밀양 사람으로, 그의 집안은 대대로 관직을 역임하고 있었다. 증조는 예빈윤(禮賓尹) 박함(朴諴)이었고, 조부는 밀직부사(密直副使) 박화(朴華)이다. 박화는 그의 묘지명이 남아 있어 집안

81

내력을 자세하게 알 수 있다. 박화는 문량공(文良公) 조간(趙簡)의 누이 김제군부인 조씨와 혼인하여 모두 5남 2녀를 두었다. 박화의 자식 중 가장 두드러진 활동을 한 이는 장남 박인간(朴仁幹)이었다. 박인간은 관직이 판밀직사사(判密直司事)에 이르렀고 원에서 공민왕을 시종하다 사망하였다. 공민왕은 즉위 후 시호를 추증하고 그의 자손을 등용하도록 했다. 박의중이 원의 성리학을 왕성하게 받아들일 수 있었던 것은 그의 백부 박인간이 일찍부터 원에 체류한 것도 한 요인이었다.

박의중의 부친은 박화의 3남 박인기(朴仁杞)였다. 박의중은 2명의 부인을 두었는데 한명은 연안(延安) 이씨(李氏)로 별장 이수창(李壽昌)의 딸이고 다른 한명은 청주(淸州) 한씨(韓氏) 한탑(韓塔)의 딸이다. 아들은 3명으로 박경빈(朴景贇)·박경무(朴景武)·박경문(朴景文)이다.

박의중은 1362년(공민왕 11) 26세의 나이로 우시중 홍언박(洪彦博)을 지공거로, 지도첨의 유숙을 동지공거로 과거에 급제하였는데, 급제 당시 그의 관직이 원융부녹사(圓融府錄事)였다. 원융부는 1356년(공민왕 5) 공민왕이 고승 태고 보우(普愚)를 위해 설치한 관부였는데 박의중은 집안의 음서로 녹사에 재직하였던 것으로 보인다. 과거에 장원급제한 박의중은 제사와 시호의 추증을 담당하는 전의시(典儀寺)의 정7품 직장(直長)으로 관직생활을 시작했다. 관료로서 박의중의 생애는 크게 3시기로 구분된다. 첫 번째 시기는 성균관 중영이후 성균관 교수로서 후학들과 성리학을 정진하던 시기

이고, 두 번째 시기는 우왕대 권신들이 권력을 농단하던 때 왕에게 직언을 아끼지 않았으며 국가적 위기의 타개를 위해 명나라 사행에 나선 시기이고, 세 번째 시기는 위화도 회군 이후 신유학자들 사이에 벌어진 치열한 권력투쟁을 목도한 시기이다.

동지들과 함께

박의중이 장원급제한 후, 고려의 정치는 요동쳤다. 그가 급제한 지 두 달이 되지 않아 원나라는 공민왕을 폐위하고 충선왕의 셋째 아들인 덕흥군(德興君) 타스테무르를 고려왕으로 임명하였으며, 이듬해 윤3월에는 왕의 총신이었던 김용(金鏞)이 흥왕사에서 변란을 일으켰다. 이런 위기를 극복하는 과정에서 280명에 달하는 대대적인 공신책봉이 이루어졌고 공신들의 입지는 커져만 갔다. 공민왕은 공신세력을 억제하기 위해 과감하고 신속하게 신돈을 등용했다. 신돈 등용 후 공민왕은 성균관을 중영하여 신진 관료들의 육성에 힘 쏟았다. 중영된 성균관에서 박의중은 종4품의 성균사예(成均司藝)로 교관(敎官)을 겸임하였다. 당시 성균관 교관에는 김구용(金九容), 정몽주(鄭夢周), 박상충(朴尚衷) 등도 있어 그 어느 시기보다 활발하게 성리학에 대한 토의가 진행되고 있었다. 이색(李穡), 정몽주, 박상충(朴尚衷), 정도전(鄭道傳), 이숭인(李崇仁), 권근(權近) 등과의 인연은 거의 대부분 이 시절 성균관에서 이루어졌다.

그들이 함께 모인 성균관의 분위기는 학구열로 뜨거웠다. 이숭인은 당시 분위기를 이렇게 회고했다. "교관이 아침에 일어나 관문(館門)에 들어서 당(堂)에 오르면 학도들이 뜰의 동쪽과 서쪽에 질서 있게 늘어서서 두 손을 맞잡고 허리를 굽혀 인사를 한다. --중략-- 학도는 수업이 끝나면 다시 토론을 벌이며 교관의 절충(折衷)을 받고 나서야 파한다. 글 읽는 소리가 하루 종일 그치지 않았으므로, 우리 몇 사람은 얼굴에 기쁜 빛을 띠고서 서로 바라보며 사문(斯文)이 이제 일어날 모양이라고 말하곤 하였다."(『도은집(陶隱集)』권4 증 이생서(贈李生序))

그러나 이런 열기도 오래가지는 못했다. 성균관의 후원자 공민왕이 자제위(子弟衛)에 의해 시해당하고 우왕이 어린나 이로 즉위한 뒤, 이인임(李仁任)과 같은 권신들의 시대가 오 자 박의중과 그의 동료들은 위기에 직면했다. 권신 이인임 이 북원(北元) 사신 영접하려 하자, 성균관에서 힘을 키워온 그의 동료들은 일제히 글을 올려 북원 사신의 영접을 비판 했다. 결과는 참담했다. 이인임은 이첨(李詹)과 전백영(全伯 英)을 비롯해 정몽주, 김구용(金九容), 이숭인 등을 유배보냈 다. 성균관 동료들이 죽거나 유배당할 때, 박의중은 어디에 있었을까? 현전하는 자료로는 이 싸움에서 그의 모습은 찾 을 수 없다. 다만, 1370년(공민왕 19) 9월 박의중은 명나라 제과(制科)에 응시하러 갔으므로, 우왕 원년까지 그가 명에 머물러 있었을 가능성도 배제할 수는 없다.

누란의 위기를 넘어서다

언제인지 모르지만 명에서 돌아온 박의중은 여전히 성균관의 교관으로 재직하고 있었다. 이숭인이 3년의 유배를 끝내고 다시 성균관으로 돌아왔을 때, 박의중은 성균관에서 이숭인을 맞았다. 그 시절 박의중은 다른 그의 동지들처럼 그저 세월만 보내고 있었다. 관료로 박의중이 또 다시 고려 정치에서 자신의 존재를 부각시킨 시기는 우왕 8년부터였다. 좌사의대부(左司議大夫)로 승진하자 동료 정리(鄭釐)와 더불어 우왕을 훈계하는 소를 올렸다. "주색과 가무의 즐거움을 거두시고 매와 개를 데리고 다니면서 하는 사냥 놀이를 끊으십시오. 성현의 말씀을 모독하지 말고 충직한 신하를 배척하지 말 것이며, 덕 있는 원로를 멀리하지 마시고 완악한 젊은이들을 가까이 하지 마십시오. 검소함을 숭상하시고 안일을 경계하시며 참소를 멀리 하시고 간언을 들으시며 현명한 사람에게 일을 맡기시고 사악한 자를 내치십시오." 권신들이 권력을 농단하고 왕은 정사를 제대로 돌보지 않던 때, 박의중은 과감하게 소를 올려 왕을 깨우치려 하였던 것이다. 그러나 우왕은 끝내 이 상소에 화답하지 않은 채, 권신 이인임의 뒤에 숨어 사냥하고 주색에 빠져 있었다.

한편 결연한 소를 올린 박의중은 우왕에 의해 중용되었다. 1385년에는 성균대사성(成均大司成)에 임명되었으며 1388년에는 밀직제학(密直提學)으로 승진했다. 그가 막 밀직제학으로 승진했을 때, 고려는 새로운 위기에 직면해 있었다. 명나라가 철령위(鐵嶺衛)를 설치해 한반도 동북지역에

까지 세력을 확장하려 한 것이다. 명의 이런 의도에 아연실
색한 고려는 즉시 철령위 설치에 반대하는 표문을 올리려
했다. 문제는 누가 명나라 사신으로 갈 지였다. 우왕 때 악
화된 명과의 관계로 인해 사신으로 갔다가 돌아오지 못한
이들이 적지 않았기 때문이다. 특히 철령위 설치와 같은 민
감한 사안을 외교적으로 해결하기란 쉽지 않았다. 결국 이
어려운 임무는 박의중의 몫이 되었다. 명나라 사행 길에 나
선 박의중의 마음 속 생각은 그의 싯구절에서 일부 드러난
다. "무슨 일로 오랜 길손이 되어(久客緣何事), 되돌아가고 싶
어도 돌아가지 못하는고(思歸未得歸)"

　　남경(南京)에서 명나라 황제를 알현하고 귀국 길에 오른 박
의중에게 새로운 시련이 닥쳤다. 1388년 4월 최영에 의해
주도된 요동정벌로 고려와 명의 정세가 요동치고 있었기 때
문이다. 귀국길 고려에서 군사를 일으켰다는 소식을 들은
박의중 수행원들은 명나라의 보복이 무서워 모두 달아나 버
렸다. 결국 박의중은 홀로 바다를 건너 고려로 귀국해야 했
다. 고진감래일까 귀국 후 요동정벌을 반대하던 이성계 일
파가 권력을 장악하여 창왕이 즉위하자, 창왕은 박의중을
추성보조공신(推誠補祚功臣)으로 책봉했다.

승자와 패자를 목도하며

　　창왕 즉위 후 권력은 박의중과 함께 성균관에서 수학한 이
들에게 돌아갔다. 이색은 시중이 되었고, 정도전, 정몽주
등은 모두 요직을 차지했다. 그러나 곧 성균관의 동지들은

서로를 적대하며 생사를 건 싸움에 돌입했다. 사전(私田)개혁에서 조선건국에 이르기까지, 수많은 동지들이 때로 승자로 때로 패자로 고관에 오르거나 죽었다. 목숨을 건 이 처절한 전장에서 박의중은 한발 물러나 있었던 듯하다. 공양왕대 지경연사(知經筵事), 예문관제학(藝文館提學) 겸 성균대사성(成均大司成) 벼슬을 하고 있었으나 박의중은 사전개혁 논쟁에 참여하지도 않았고, 조선건국을 둘러싼 피나는 투쟁에도 크게 관여하지 않았다. 조선 건국 후 박의중은 1392년(태조 원년) 예문춘추관학사(藝文春秋館學士)에 임명되었고 곧이어 조준(趙浚), 정도전, 정총(鄭摠) 등과 함께『고려사』수찬을 명받았다. 그러나 조선에서 박의중의 행적은 여기서 끝난다. 권신 이인임의 권력농단과 우왕의 사치에도, 철령위 설치라는 난제에도 관직을 떠나지 않았던 박의중은 성균관 동료들의 치열한 투쟁을 차마 지켜볼 수는 없었던 것일까? 박의중은 김제로 낙향했다. 그가 김제로 낙향한 것은 그의 조모가 김제군부인으로 책봉된 인연이 작용한 것으로 보인다. 김제로 낙향한 박의중은 1403년(태종 3) 향년 67세로 세상을 등졌다. 태종은 문경(文敬)이라는 시호를 내려 그를 추모하였다.

박의중은 "타고난 자질이 명민하고 학문이 깊었으며 청렴하여 언제나 한결 같이 절개를 지켰고 글은 정밀하고 전아했던" 것으로 평가받고 있다. 그가 사망한 뒤 조선초 문집『정재집(貞齋集)』이 간행되었던 것으로 보이나 이 문집은 현전하지 않는다. 1862년 출간된『정재집』이 현전하나 그 내용은 매우 소략하다. 그의 학문의 대체는 1924년 유고를 모아 문집 『정재일고(貞齋逸稿)』에 비교적 자세하게 기재되어 있다.

참고문헌

『고려사』, 『고려사절요』, 『도은집(陶隱集)』, 『정재일고』.

김용선편저, 「박화묘지명」, 『고려묘지명집성』, 한림대아시아문화연구소, 2001.

이중효, 「『정재집(貞齋集)』소수(所收) 박학굉사과방목에 대하여」, 『전남사학』 9, 1995.

V

왕사도 되고, 대장경도 만들고

승속(僧俗)을 넘나든 단속사의 승려, 탄연(坦然)_안순형

현실을 고뇌한 유불학(儒佛學) 지식인, 정안(鄭晏)_최연주

Ⅴ. 왕사도 되고, 대장경도 만들고

승속(僧俗)을 넘나든 단속사의 승려, 탄연(坦然)_안순형

고려초기의 불교계는 9산선문의 선종과 화엄종 중심의 교
종이 양립하고 있었다. 성종 때 왕조의 기반이 안정되고,
문벌귀족이 대두되자 불교계도 교종인 흥왕사(興王寺) 중심
의 화엄종과 현화사(玄化寺) 중심의 법상종이 교세를 확장하
였다. 현종 이후는 교종계열에서 왕사나 국사직을 독점하였
고, 교계의 주도권도 장악하였다. 하지만 왕권 안정을 원했
던 예종이 선종계와 긴밀한 관계의 형성을 시도하면서 의종
때까지 선종계에서 왕사와 국사를 배출하고, 불교계를 주도
하였다. 이런 교·선(敎禪)의 주도권 경쟁에서 인종·의종 때
선종계를 대표했던 인물이 바로 대감국사(大鑑國師) 탄연(坦
然, 1070~1159)이었다.

세속에서 탈속(脫俗)으로

탄연의 속성은 손씨(孫氏)로, 본관이 경상도 밀양(密陽)이
라 추정되지만 단언할 수 없다. 일찍부터 '밀성(密城)'·'밀주
(密州)'로 불리다가 공양왕 때 비로소 '밀양'이라 불렸기 때문
이다. 그는 1069년(문종 23)에 교위(校尉)였던 아버지 손숙
(孫肅)과 어머니 안씨(安氏)의 슬하에서 태어났다. 이름은 '탄
연'이고, 호는 '묵암(黙庵)'이며, 시호는 '대감'이다. 아버지가

정9품 무관직의 교위였던 것으로 보아 그는 문벌귀족 출신은 아니었던 것 같다.

탄연은 8~9세에 이미 시(詩)를 지어 사람들을 경탄시켰고, 13세에 '6경(六經)'의 대의를 헤아렸으며, 15세 때 명경생(明經生)이 될 정도로 총명하였다. 뿐만 아니라 그는 글씨에도 상당한 조예를 갖추고 있었다. 탄연의 명성은 종실인 계림공(鷄林公, 훗날 숙종)에게 알려졌고, 그의 아들 세민(世民, 예종)의 교육을 위해 초빙되면서 왕실과 관계를 맺게 되었다. 하지만 명리를 뜬 구름처럼 여기고 사안(師安)·보현(保玄) 등과 교유했던 탄현은 19세에 사안의 출가 소식을 듣고, 개경 북쪽의 성거산(聖居山) 안적사(安寂寺)에서 삭발하고 출가하였다. 개인적인 뛰어난 재능, 종실과 교유라는 사회적 배경에도 불구하고 문벌귀족 사회의 제약을 벗어날 수 없었던 그는 탈출구로써 출가를 선택했을 가능성도 있다.

선열(禪悅)을 좋아했던 탄연은 광명사(廣明寺)의 혜조 담진(慧炤曇眞) 문하에서 오랜 수학을 통해 심법을 전해 받았다. 숙종 말년인 1104년에는 지난날 인연으로 개경에 초빙되었고, 예종대까지 많은 은혜가 베풀어졌다. 그는 개경에 이르러 대선 승과(大選僧科, 36세)에 급제하였고, 왕명으로 중원(中原, 현재 충주) 의림사(義林寺)에 머물렀다. 1106년 예종이 즉위하자 존경을 더하여 '대사'에 제수하였고, 1107년에는 개경의 개돈사(開頓寺)로 주석처를 옮겼다. 잇따라 1108년에 '중대사(重大師)', 1114년에 특명으로 '삼중대사(三重大師)', 1120년에는 '선사'의 법계가 더해졌다. 인종 때인

1131년에는 다시 '대선사'가 더해졌고, 77세인 1145년(인종 23)에는 학일(學一)을 이어서 '왕사'에 책봉되었다. 그동안 탄연은 선암사(禪巖寺), 천화사(天和寺), 보리연사(菩提淵寺), 보제사(普濟寺) 제석원(帝釋院), 영원사(瑩原寺), 광명사에 주석하며 꾸준히 왕실과 긴밀한 관계를 유지하였고, 스승인 국사 담진의 후광으로 불교계의 주도권을 장악하였다.

| 산청 단속사지 동서 3층 석탑(보문 제72호, 73호)

의종이 즉위하자, 탄연은 연로(79세)함을 내세워 개경을 떠나 산청 단속사로 내려가기를 청하였다. 그가 무엇 때문에 개경의 대찰(大刹)이나 은사 담진이 순천에 창건했던 정혜사(定慧寺)가 아니라, 단속사를 하산처(下山處)로 선택했는지 알 수는 없다. 의종의 몇 차례 만류에도 그가 뜻을 꺾지 않자, 의종은 김존중(金存中)과 한주(翰周)를 보내어 단속사까지 모시도록 하였다. 이곳은 통일신라 때인 748년(경덕왕 7)에

이순(李純)이 중창하여 '단속사'로 개칭했으며, 북선종을 수용한 신행(神行)이 주석하였다. 또한, 최치원도 이곳에 독서당을 짓고 머물렀다.

1147년 9월에 단속사에 도착했던 탄연은 1158년 6월 입적 때까지 줄곧 '국왕에 대한 장수와 안녕을 축성(祝聖)하고, 연담(淵潭)·효돈(孝惇) 등의 후학을 양성하는데 전념하였다.' 그는 '왕사'의 직을 유지하며 이곳에 머물렀기 때문에 국가나 왕실로부터 토지와 노비를 제공받아 안정적 사세(寺勢)의 유지하기 위한 물적 기반을 갖출 수 있었다. 1158년에 입적하자, 조정에서는 7월 15일에 당의 6조 혜능과 동일한 '대감(大鑑)'이란 시호를 내려 '국사'로 추증하였다. 그의 유체(遺體)는 진주의 소남역(少男驛) 북쪽 산에서 다비(茶毗)되어 단속사 북쪽의 산정(山頂)에 봉안되어졌다. 입적 14년 후인 1172년(명종 2)에 문인들의 주청으로 단속사 남쪽에 「고려국 조계종 굴산하 단속사 대감국사지비(高麗國曹溪宗崛山下斷俗寺大鑑國師之碑」가 세워졌다.

비록 최씨 무인집권기에 혜심(慧諶)·천영(天英)·혼원(混元) 등의 수선사주(修禪社主)들이 단속사에 머물며 조계종의 전통을 계승하였지만 조선전기까지 여전히 탄연의 자취가 남아 있었다. 예를 들면, 1487년(성종 18) 9월에 지리산을 유람했던 남효온은 단속사를 서술하면서 '대감국사비'를 언급하였다. 또한, 1489년 4월에 김일손도 이 비를 보았을 뿐 아니라, 단속사에서 소장하고 있던 '국왕 왕해(王楷)', '고려 국왕 왕현(王晛)'이란 서명과 '대덕(大德)'·'황통(皇統)'이란 연호가 쓰인 3폭의 서한을 직접 보았다고 했는데, 이것은 인종과 의종이 친필로 탄현에게 문안을 전했던 글이었다.

　숭유억불책에도 일정한 사세를 유지하던 단속사는 1568년에 이곳에서 공부하던 유생 성여신(成汝信)이 불상과 불경의 판각 등을 불태우면서 급격한 쇠락을 맞이하였다.

| 남명이 단속사에 들린 사명대사에게 준 시를 새긴 비

연꽃 같은 선교 융합, 쇠심줄 같이 굳건한 서체

　탄연은 당나라 임제 의현(臨濟義玄, ?~867)의 9대 법손으로, 북송의 개심(介諶)선사에게 인가를 받았다. 임제(종)은 남조 양나라 달마로부터 시작하여 당나라 혜능을 거쳐 남악 회양(南嶽懷讓) → 마조 도일(馬祖道一) → 백장 회해(百丈懷海) → 화벽 희운(黃檗希運) → 의현으로 계승되었다. 한편, 탄연은 통일신라의 범일(梵日)국사가 입당구법했다가 846년에 귀국하여 강원도 명주군에 개산했던 사굴산문(闍堀山門)의 승려였다. 범일 문하의 낭공 행적(朗空行寂)과 건성 양경(乾聖讓景)은 신라 종실과 교류로 고려초기까지도 상당한 세력을 유지하며 강원도와 경북 북부지역에서 활동하였다. 광종 때의 순백(純白)을 거쳐 예종 때 국사 담진과 그의 제자 탄연에 이르러 사굴산문은 선종뿐만 아니라 고려 불교계를 대표하는 산문이 되었다.

94

탄연은 입송(入宋)하여 임제종의 정인 도진(淨因道臻, 1014~1093)에게 법을 전수 받았던 담진에게 많은 영향을 받았다. 그는 선승이지만 초기의 사굴산문이 화엄사상과 교섭으로 선·교의 조화를 이루려던 전통에 따라 경전과 전적을 중시하였다. 임제종에서도 공안선(公案禪)을 주장했는데, 이 자체가 경전과 조사들의 어록을 중시한 것으로 선·교 융합의 특징이 있었다. 탄연 스스로도 문인으로 전법제자라고 했던 청평(淸平)거사 이자현(李資玄, 1061~1125)의 영향으로 『능엄경』을 대단히 중시하였다.

탄연이 북송 임제종 황룡파(黃龍派) 고승들과 긴밀히 교류했던 것도 담진의 영향 때문이다. 그는 일찍이 지었던 「4위의송(四威儀頌)」과 설법했던 내용을 정리하여 송나라 아육왕산 광리사(廣利寺)의 개심(介諶)선사에게 보냈는데, 그는 탄연을 견지(見地)를 찬탄하며 400여자에 달하는 인가서를 보내어 주었다. 또한, 탄연은 개심의 제자였던 계환(戒環), 도응(道膺), 응수(膺壽), 자앙(慈仰), 행밀(行密) 등 임제종의 고승과 편지로 폭 넓게 교유하였다. 탄연의 선·교 융합 사상은 왕권 안정을 바라는 예종과 인종의 의지에도 부합하여 왕사로 발탁될 수 있는 사상적 배경이 되었다.

탄연의 법맥은 말년에 머물렀던 단속사를 중심으로 계승되어졌다. 그의 제자 효돈은 명종 때 단속사의 주지로 있으면서 조응(祖鷹)이 예천에 용문사(龍門寺)를 중수하여 담선회(談禪會)를 개최할 때 강사로 초빙되어 『능엄경』·『전등록』 등을 강의하였다. 연담도 최씨 무인정권에 의해 1197년 4월 축출당할 때까지 단속사 주지로 있으면서 회량(懷亮)·처단 (處端) 등과 탄연의 법맥을 잇고 있었다.

| 산청 단속사지 입구에 있는 당간지주

탄연은 불교계에서 뿐만 아니라 서예사에도 일획을 긋고 있다. 그는 동진의 왕희지 필법, 특히 행서의 진수를 터득 하였고, 당대 구양순·안진경체의 해서에도 뛰어났다. 이규 보의『동국이상국집』에는 한국의 역대 서예가를 신품(神品)· 묘품(妙品)·절품(絕品)으로 나누었는데, '신품 4현'으로 신라 의 김생 다음으로 탄연을 언급하였다. 또한 최자의『보한집』 에는 탄연은 필적이 정묘하여 곳곳에 제영(題詠)을 남겼다 며, 안신(安信)거사가 머물렀던 비슬산(毗瑟山) 백운암(白雲庵) 과 관련된 일화를 소개하였다. 탄연은 일찍이 이곳을 찾았 다가 판(板)에 시를 썼다. 후에 이것을 훔치려는 사람이 있 었지만 현풍의 관리가 사전에 그 사실을 알고 관부에서 거

두었다는 내용이다.

서법에 깊은 조예를 갖추었던 탄연은 다양한 필적을 남겼다. 일찍이 선종(宣宗)은 개경 구산사(龜山寺) 주지 영현(領賢)에게 현종과 특별한 인연이 있던 남경(南京) 삼각산의 승가굴(僧伽窟)을 중수하게 하였다. 1106년(예종 1)에 '승가굴 중수기'를 세울 때, 탄연이 비액(碑額)은 전서(篆書)로, 뒷면은 안진경체의 해서로 썼다고 전한다. 또한, 이자현의 '진락공 중수 청평산 문수원기(眞樂公重修清平山文殊院記)'에서는 행서로 앞면의 '청평산 문수원기'를, 행서로 뒷면의 '제청평산 거사 진락공지문(祭清平山居士眞樂公之文)'을 썼다. 이 비석은 한국전쟁 때 청평사가 불타면서 완전히 파괴되고, 몇 개의 비편만 실물로 전한다. 이외에 그는 왕희지의 글씨를 집자(集字)하여 비문을 만들던 것을 본받아 행서로 '직지사 대장당기(直指寺大藏堂記)'를 제작하기도 하였다.

탄연의 필적에 대해 이규보는 '마치 연화가 연못 속에서 피어나는 것 같다'며 정채함을, 이인로는 '무쇠로 된 힘줄, 산을 무너뜨리고 수레를 뒤엎을 만한 골력(骨力)과 갑옷을 뚫을 만한 날카로움이 있다'며 굳건함과 힘참을 높이 평가하였다. 탄현의 필적은 문인이었던 석기준(釋機俊)·석

| 탄현이 쓴 진락공 이자현이 중수한 문수원기 비문 잔해

연의(釋淵懿) 등을 통해서 산중 선가의 서법으로 계승 발전되었다.

탄연은 교종 위주의 고려불교계를 선교 융합의 임제종이 주도하도록 했으며, 강원도와 경북 북부지역에서 활동했던 사굴산문의 세력을 단속사를 중심으로 한 경남지역으로 확장하는데 일조하였다. 또한 뛰어난 그의 필적은 고려를 넘어 한국 서예사에서도 일가(一家)를 이루었던 것이다.

참고 문헌

『고려사』.

「고려국조계종굴산하단속사대감국사지비명병서(高麗國曹溪宗崛山下斷俗寺大鑑國師之碑銘幷序)」.

김아네스, 「고려 중기의 대감국사탄연과 지리산 단속사」, 『남도문화연구』 23, 2012.

송희준, 「단속사의 창건 이후 역사와 폐사과정」, 『남명학연구』 9집, 1999.

정상옥, 「석탄연 청평산문수원기의 서예사적 의의」, 『동방논집』 1집, 2007.

정안(鄭晏)의 본관은 하동(河東)이다. 처음 이름은 분(奮)이며 자는 화경(和卿)이다. 일암거사(逸庵居士)라 불리기도 했다. 하동 정씨 여러 가계(家系) 가운데 가장 일찍 관료를 배출한 집안으로, 정세유-윤당·진·숙첨-안 3대에 걸쳐 고위 관료를 지낸 문벌적 기반을 갖추고 있었다. 정안은 본관지 하동을 근거로 오랫동안 토착 기반과 경제적 기반도 갖고 있었다.

희종대 과거에 급제한 후 정안은 진주목(晉州牧) 지방관과 국자감 좨주(國子監 祭酒), 지문하성(知門下省), 참지정사(參知政事) 등 여러 관직을 역임하였다. 그는 권세 있는 사람을 섬겼다고 하는 것으로 보아 권력 지향적 인물로 볼 수 있지만, 음양(陰陽), 산술(算術), 의학(醫藥), 음율(音律)에 정통하지 아니한 것이 없었다고 한 것으로 보아 다재다능한 재능을 갖춘 관료였다. 희종대 과거에 급제하여 유교적 소양을 갖추고 있었고, 고종 28년(1241) 4월 국자감 좨주였을 때 동지공거로 지공거 송순(宋恂)과 함께 과거시험을 주관할 만큼 상당 수준의 유교지식을 갖추고 있었다. 동지공거로서 진사 33명을 선발한 과거시험을 주관할 때 최종균(崔宗均), 원부(元傅), 이소(李邵) 등 유교적 소양을 갖춘 신진 관료지식인들을 선발하였다. 그리고 수선사(修禪寺, 지금의 순천 송광사)의 승려 무의자(無衣子) 혜심(慧諶)을 비롯하여 충렬왕때『삼국유사』를 편찬한 일연(一然)과 같은 고승대덕들과 수시로 교류하였고, 『고려대장경』을 판각할 때 깊숙이 관여하기도 하였다. 개인적으로 다양한 불교 전적을 간행하는 등 유교뿐 아니라 불교에도 상당한 조예가 깊었으므로 유불학(儒佛學) 지식인이라 할 수 있다.

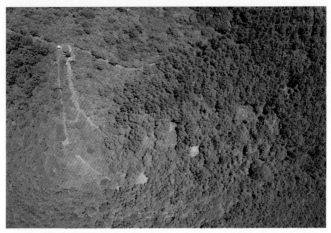

| 하동군 횡천면 횡천리의 정안산성 원경

최씨 무인정권 후계 구도의 갈등에서 희생되다

정안이 과거 급제 후 관직생활을 한 기간은 10년도 채 되지 않는다. 진주목 지방관을 그만 둔 시점은 고종 4년 1월경으로 추정되고, 국자감 좨주로서 다시 정치활동을 한 시점은 고종 28년 4월이다. 물러난 시점이 고종 30년(1243) 이전이다. 정안이 낙향한 배경은 단순하지 않은 것 같다. 진주목 지방관을 그만 둘 때는 노모를 봉양하기 위해서라고 하였으나, 고종 4년 1월경 그의 부친 정숙첨이 최충헌 암

살사건에 연루되어 하동으로 귀향 한 것과 밀접하게 연관된 것으로 추정된다. 그리고 20여 년간 낙향 은거하다가 다시 벼슬길에 나선 것은 고종 28년 4월이다. 국자좨주로서 과거 시험을 주관하는 동지공거가 되었으나, 벼슬살이를 오래하지 않았다. 『고려사』에 '최이가 권력을 마음대로 하여, 타인의 재능을 시기하여 그 보다 나으려고 다투는 것을 보고 해(害)를 멀리하려고 남해로 물러났'고 한다. 여기서 마치 최고 권력자 최우가 전횡하는 것을 보고 스스로 남해로 물러난 것처럼 되어있지만, 당시 후계 구도를 둘러싼 정치세력 간의 갈등이 증폭되고 있었기 때문에 이와 무관하지 않을 것이다.

그리고 8년 뒤 최항에 의해 지문하성으로 발탁되어 참지정사로 승진한 것은 고종 38년(1251) 1월에서 5월 사이이다. 재상급의 고위직으로 활동하였지만 5개월 만에 백령도에서 살해되었다. 당시 상황을 정리해 보면, 하루는 문생(門生)인 낭장(郎將) 임보(林葆), 내시(內侍) 이덕영(李德英), 위주부사(威州副使) 석연분(石演芬)과 함께 시사(時事)를 논하면서, "사람의 목숨은 귀중한데, 최령공(崔令公 : 최항)은 어찌 사람 죽이는 것을 저렇게 하는가?"라고 하였다.

후에 이덕영, 석연분이 임보의 집에 모여서 술을 마시다가 다시 정안의 말을 칭찬하고 탄복하여, "은문(恩門 : 정안을 지칭)의 말씀은 진실로 옳다."라고 하였다.

임보 처형(妻兄)집의 종이 이 말을 듣고 최항에게 고자질하였다. 최항은 정안과의 사이에 평소에 틈이 있었으나 인망

(人望)을 얻기 위하여 밖으로는 비록 예절로 공경하였지만, 안으로는 매우 시기하고 있었다. 최항은 그 말을 듣고 몹시 노하여, "정공이 본래 다른 마음이 있어서 나의 일을 비방하니 그는 장차 난을 일으킬 것이다."라 하고 그의 집을 몰수하였다. 곧 백령도(白翎島)로 유배시켰다가 사람을 보내어 물에 던져 죽였다.

　사실 정안과 최항은 평소 사이가 좋지 않았다. 아마도 최우 이후 후계 구도와 관련해 서로가 불편하였을 것이다. 정안은 낙향한 후 중앙으로부터 화가 미칠까 두려워하여 최이의 외손, 즉 김약선(金若先)의 아들 김미(金敉)를 양자로 삼았다. 후계자 선정에 있어서 정안은 최항보다 김미를 지지하였다. 고종 30년 김미가 하동으로 유배될 때 정안 역시 고향인 하동에 낙향해 있었다. 이는 정안이 최우의 후계구도를 둘러싼 정치세력 간의 갈등에 한 축을 담당했거나, 아니면 연루를 피해 하동으로 온 것으로 추론된다. 최우의 후계자가 된 최항은 고종 36년에 김미를 고란도로 유배 보내고 그 지지세력 40여명을 숙청하였는데, 이는 정권 안보를 위해 반대세력을 제거한 것이다. 이러한 정치 상황을 고려한다면 정안의 유배와 살해는 김미 숙청의 연장으로 볼 수 있다. 고종 38년 1월에 최항이 정안을 지문하성사로 발탁한것은 겉으로 반대세력을 포용하는 것이지만 실제는 숙청의 준비였던 것이라 할 수 있다.

정안이 만난 사람들

정안은 관료로서 정치 활동을 한 기간보다 하동에 낙향하여 은거한 기간이 더 길다. 고려시대 하동읍은 지금의 하동군 고전면 고하리에 위치해 있었고, 조선 숙종 28년 부(府)로 승격되면서 오늘날 하동군 하동읍으로 옮겼다. 따라서 정안이 활동하였던 하동은 지금의 고전면 고하리 하동읍성 일대로 추정된다.

정안은 하동에 머물면서 관료 뿐 아니라 문인 지식인, 대덕 고승, 승려 지식인 등 다양한 계층과 교류하였다. 그 중에서 최씨 무인정권의 핵심 관료이자 외교 문서 등을 주도적으로 작성한 이규보(李奎報)와 교류가 잦았다. 정안은 하동 지역에서 생산되는 차(茶)를 이규보에게 선물로 보내자, '일암거사 정분이 차를 보내준 것을 사례하며[謝逸庵居士鄭君奮寄茶]'라는 시를 지었다.

벼슬 높아도 검박하기 더없는 나인데
여느 것도 없거든 하물며 신선의 차이랴
해마다 홀로 어진 사람의 덕을 입으니-지난해에도 보내 주었다-
이제야 이 세상 재상집 구실하누나

이규보에게 차를 보내준 시점은 대몽항쟁이 한창이었고, 강화도로 수도를 천도한 고종 23년(1236)에서 24년 사이로 짐작된다. 두 사람은 단순히 차를 주고받는 사이를 넘어 당시 현실 문제에 대해서도 같이 고민하였다. 이규보가 해인사에 보관 중인 『고려대장경』의 판각 착수를 알리는 글인 「대장각판군신기고문」을 작성할 때, 정안은 당시의 지방 사회나 불교계 및 사회 현실을 대변 및 조언하였다. 「대장각판군신기고문」은 이규보가 고종 24년 왕의 명령을 받아 작성하였는데, 정안을 비롯하여 『고려대장경』 교감을 총괄한 개태사(開泰寺)의 오교도승통(五敎都僧統) 수기(守其)대사, 승통 천기(天其)대사 등 각계각층의 여론 주도층으로부터 판각사업의 이론적 토대를 마련하기 위해 조언 및 자문을 받은 것으로 알려져 있다.

| 천 해인사 고려 목판(국보 제206호, 문화재청 자료)

한편 정안의 하동에서 생활과 그의 사상에 많은 영향을 준 사람은 수선사(修禪社)의 2대 사주(社主) 대선사 혜심(慧諶)이다. 혜심은 정안의 부친 정숙첨과도 교류하였는데, 하동 양경사(陽慶寺)를 중심으로 수시로 교류하였다. 양경사는 하동 양경산(陽慶山) 인근에 위치하였던 사찰로 추정된다. 양경산은 하동현 북쪽 3리에 있는 진산(鎭山)으로 지금의 하동군 고전면 고하리 하동읍성 뒷산이다.

| 정안이 축조에 관여했다는 정안산성의 원경(하동군 횡천면)

　고종 9년(1222)과 10년을 전후하여 혜심과 정안은 격의 없이 교류하고 지냈다. 혜심이 자비사(慈悲寺)에서 하룻밤을 묵으면서 정안의 시를 차운(次韻)하여 시를 지으면서, 자신을 '송수(松叟)', 그를 '죽군(竹君)'이라 비유하면서 인연을 강조하였다. 또 정안이 정자를 짓자, 세심정(洗心亭)이라 직접 이름 지어 주었다. 그리고 정안에게 '그가 거처하는 곳을 일암(逸庵)이라 이름 하였으니, 대개 일(逸)이라는 것은 자연 그대로 속박이 없는 것 모두를 이름 한 것이다'라고 하여 호(號)를 손수 지어 주었다. 마치 인생의 도반처럼 두 사람은 돈독한 관계를 갖고 있었다.

| 정안산성 서문지 주변 체성

| 정안산성 북서쪽 체성

혜심이 죽자 산청의 단속사(斷俗寺)에서 만종(萬宗)은 『선문염송집(禪門拈頌集)』을 간행하면서 서문을 정안에게 요청하였다. 혜심이 『선문염송집』을 처음 간행하고, 정안이 혜심에 대해 누구보다도 잘 알고 있었기 때문에 의뢰하였을 것이다. 고종 21년(1234) 12월 이규보가 국왕의 명령으로 진각국사 혜심의 묘지명을 작성할 때, 정안에게 그의 행록(行錄)을 정리해 줄 것을 요청하였다. 이 역시 정안이 혜심의 활동과 그의 사상적 성격에 대해서 잘 이해하고 있었기 때문일 것이다. 정안과 혜심은 불교라는 종교를 넘어서 문학·철학등 다양한 분야까지 교감하고 교류하였다고 할 수 있다.

고종 36년(1249) 정안은 저택을 희사하여 정림사(定林社)로 개창하고 선사 일연을 초청하였다. 남해의 정림사 위치에 대해 구체적으로 알 수 없지만 일연을 초빙한 사실을 통해 정안과 교류하였던 인물은 불교계 인사, 관료, 지역의 토착세력 등 다양하였음을 알 수 있다.

민족과 국가의 안녕을 기원한 현실인식

정안은 『고려대장경』을 판각할 때 개인의 재산을 내어서 국가와 중분(中分)하기로 약속하여 대장경을 간행하였다. 정안이 국가와 약속한 중분의 의미는 무엇일까? 최씨 무인정권과 정안이 재산을 각각 희사한 것으로 보기도 하고, 『고려대장경』 판각이 강화도와 남해에서 동시에 진행되기 때문에 공간적 의미로 이해하기도 한다. 최근에는 대장도감이 있었던 강화경과 원거리에 위치한 진주와 남해의 분사대장도감을 이어주는 핵심적인 역할을 한 인물로 정안을 주목한다. 그는 『고려대장경』 판각 사업에 대해 조언하고, 필요한 경비를 분담하면서 각수 등 인적 자원을 지원해 주었을 것이다. 이러한 정안의 노력과 역할로 『고려대장경』 판각은 원만하게 잘 마무리될 수 있었다.

한편 정안은 『고려대장경』 판각이 한창일 때 별도의 불교 전적을 간행하였다. 아래의 불교 전적은 현재 해인사의 『고려대장경』 편제에는 포함되지 않지만, 동서 사간판전에 보관되어 있다.

	경전 이름	권수	간행 연도	비고
1	묘법연화경(妙法蓮華經)	7	고종 23년 12월 15일	국보 제206—1호
2	금강삼매경론(金剛三昧經論)	3	고종 31년 8월 5일	국보 제32호
3	대방광불화엄경입불사의해탈경계보현행원품(大方廣佛華嚴經入不思議解脫境界普賢行願品)	單	고종 32년 정월 보름	국보 제206—7호
4	금강반야바라밀경(金剛般若波羅蜜經)	單	고종 32년 3월	국보 제206—6호
5	불설예수시왕생칠경(佛說預修十王生七經)	單	고종 33년 3월	국보 제206—10호

최근 조사에 따르면 5종 불교 전적의 판각에 참여한 각수 중 상당수는 『고려대장경』 판각에도 참여한 숙련된 각수가 많았다. 하동 등지에서 정안이 활동한 추이와 연관시켜 보면, 『고려대장경』 판각의 핵심적 역할을 맡았던 분사대장도감 산하의 공방 또는 사원 등지에서 판각되었을 개연성이 충분하다.

5종의 불교 전적을 통해 정안의 현실인식을 구체적으

로 알 수 있다. 고종 23년과 31년에 간행한『묘법연화경』
과『금강삼매경론』의 발문 내용에는 국왕·왕실의 안녕, 몽
고 침략군의 격퇴, 조정과 재야의 안녕 등과 함께 고려 사람
들의 극락왕생도 기원하였다. 진양후(晉陽侯, 최우를 지칭)
의 안녕도 기원하였다. 그러나 고종 32년과 33년에 간행된
『대방광불화엄경입불사의해탈경계보현행원품』,『금강반야
바라밀경』,『불설예수시왕생칠경』의 발문에는 국왕 또는 부
모·가족 친족과 모든 중생의 안녕과 극락왕생을 기원하고
있다. 정안은 최씨 무인정권의 안녕보다는 민족의 안녕과
국가의 안정, 그리고 몽고군의 격퇴 등을 기원하는데 중점
을 두었다. 이러한 정안의 현실인식은『고려대장경』판각사
업에서 드러난 인식과 대동소이하다.

　정안은 최씨 무인정권과 일정하게 거리를 두고 있었음을
알 수 있다. 최항과는 견제 관계에 있었고, 오히려 당시 혜
심, 이규보 등과 같이 당시 고려 사람들의 염원과 동일한 현
실인식을 하고 있었다. 따라서 정안은 개인의 영달만을 추
구한 것이 아니라 당시 사회 모순과 민족적 수난기에 처한
현실을 고뇌한 유불학(儒佛學) 지식인이었다.

참고문헌

『고려사』,『동국이상국집』,『진각국사어록』,『무의자시집』,『신증동국여
지승람』.
김윤곤,『고려대장경의 새로운 이해』, 불교시대사, 2002.
박용운,『고려시대 음서제와 과거제연구』, 일지사, 1990.
김광철,「고려 무인집권기 정안의 정치 활동과 불교」,『석당논총』65,

　　　2016.

최연주, 「수선사와 강화경판《고려대장경》조성」, 『대구사학』81, 2005.

최연주, 『고려대장경』조성과 정안의 역할」, 『석당논총』70, 2018.

최영호, 「강화경판『고려대장경』각성사업의 주도층」, 『한국중세사의
　　　제문제』, 2001.

최영호, 「13세기 중엽 정안의 활동과 현실인식」, 『석당논총』70, 2018.

VI

농민항쟁의 지도자, 그리고 왜구의 칼날 앞에서도 당당했던 여인들

고려사회의 변혁을 도모한, 김사미(金沙彌)_이종봉
아버지 원수 갚으려 왜구에 저항한
신사천(辛斯蔵)의 딸 신씨_김광철
왜구의 칼날 앞에 절개 지킨
정만(鄭滿)의 처 최씨_김광철

Ⅵ. 농민항쟁의 지도자, 그리고 왜구의 칼날 앞에서도 당당했던 여인들

고려사회의 변혁을 도모한, 김사미(金沙彌)_이종봉

12세기 고려 사회는 사회경제적 변화와 함께 문벌귀족 중심의 정치권력이 힘없이 무너지고, 무신들이 의종 24년(1170) 난을 통해 새롭게 정치권력을 장악하였다. 무신 중에 이고·이의방과 정중부 등이 무신의 난을 주도하면서 먼저 권력을 장악하였지만, 이의방은 이고를, 정중부는 아들 정균의 도움을 얻어 이의방을 살해하여 실권을 오로지하였다. 청년장군 경대승은 전횡을 일삼는 정중부의 일당을 제거하고, 도방을 중심으로 독재정치를 추진하는 도중인 명종 13년(1183) 병으로 죽고 말았다.

혼돈의 고려사회, 민의 저항이 일어나다

경대승이 죽은 이후 잠깐 권력의 공백기가 나타났다. 이때 무신의 난에 참여한 경주출신의 소금장수와 절의 비의 아들인 이의민이 명종 14년 권력을 장악하였다. 그 전에 이의민은 경대승의 집권기에 정치적 공격을 두려워하여 병을 핑계로 경주로 피신하였던 인물이다. 이의민은 명종 26년 최충헌 형제에 의해 제거될 때까지 약 12년간 정치적 실권을 장악하였다. 이처럼 무신의 난 이후 정치권력은 혼돈을 거듭하였고, 그러한 상황 속에서 12·13세기 고려는 또 다른 사회 변동이 나타났다. 그것은 각 지역에서 일어난 일반 민의 저항이었다.

12세기 초 귀족세력들은 보다 많은 경제적 이득을 차지하기 위해 민들에게 수탈을 자행하였다. 이러한 가혹한 수탈에 대해 민들은 예종 때 저항의 방법으로 유망(流亡: 유리 도망)을 택하기도 하였다. 유망은 전국의 속현지역을 중심으로 광범위하게 진행되었기 때문에 국가는 이에 대한 대책을 강구하지 않을 수 없었다. 국가는 속현지역에 감무를 파견하여 민을 안집시키려고 노력하기도 하였고, 혹은 조세를 감면하여 유망하는 민을 붙잡아 보려고 하였다. 하지만, 민의 유망은 오히려 확산되었고, 이들이 점차 도적으로 변신하는 사례도 있었다.

민의 저항은 본격적으로 의종 16년(1162)부터 시작되었는데, 경기도의 이천현·안협현, 동주(東州)의 평강현(平康縣), 동계(東界)의 영풍진(永豊鎭)·의주(宜州) 및 서해도의 곡주(谷州) 경내(境內)에 도적이 횡행하였으며 의종 22년 탐라의 도적 양수(良守)가 모반하여 수령을 몰아내는 사태까지 이르렀다. 『고려사』를 비롯한 자료에 도적으로 기록되었지만, 이들은 자신을 수탈하던 수령과 귀족세력에 대해 저항한 민초(民草)들이었다.

12세기 민의 저항은 무신의 난 이후 더욱 빈번하였다. 명종 2년(1172) 서북면지역의 창주·성주·철주 등의 민들이 각 지역 수령의 수탈에 반발하여 봉기하였고, 명종 5년부터 중

남부지역에서도 남적(南賊)으로 불리는 세력들이 곳곳에서 봉기하였는데, 이들은 예산현에서 수령을 살해하기도 하였고 또 황려현(여주)과 진주(鎭州) 등의 여러 군현을 노략질하기도 하였다. 민의 봉기는 계속될 수밖에 없었다. 이때 봉기를 주도한 대표적인 인물은 명종 6년 공주 명학소의 망이(亡伊)·망소이(亡所伊), 명종 20년 경주(동경)의 봉기, 그리고 명종 23년(1193) 7월 운문과 초전을 중심으로 봉기한 김사미(金沙彌)와 효심(孝心) 등이었다.

남적을 주도한 김사미

김사미는 운문(운문: 청도)을 근거지로 삼고, 효심은 초전(草田)을 근거지로 삼아 떠도는 민들을 모아서 주현을 공격하였는데, 그때 효심과 함께 김사미는 봉기를 주도한 세력 중에서 가장 강하였다. 이들이 인근의 주현을 공격하자 국가는 대책을 강구하지 않을 수 없었다. 명종은 먼저 대장군 전존걸(全存傑)에게 장군 이지순(李至純)·김척후(金陟候)·노식(盧植) 등을 거느리고 김사미로 대표되는 봉기군을 토벌하게 하였고, 다음 달에 이공정(李公靖)·김경부(金慶夫) 등의 추가 군사를 파견하여 봉기군을 토벌하게 하였지만 오히려 김사미 혹은 봉기세력들에게 패배하였다. 그해 11월에는 상장군 최인(崔仁)을 남로착적병마사, 대장군 고용지(高湧之)를 도지병마사로 삼고, 장군 김인존(金存仁)·사량주(史良柱)·박공습(朴公襲)·백부공(白富公)·진광(陳光) 등을 거느리고 가서 남적을 토벌하게 하였다. 계속 토벌군을 파견하였다는 것은 김사미의 봉기세력이 그야말로 난공불락이었음을 말해준다.

그때 김사미는 이의민의 아들로 한 때 토벌군의 일원이었던 이지순과 내통하기도 하였다. 정부에 저항하는 봉기세력과 토벌세력이 어떻게 연결될 수 있었을까? 이는 서로의 이해관계가 맞았기 때문에 가능하였을 것이다. 이지순은 참언(讖言)에 십팔자(十八子)가 있다는 말, 즉 이씨가 왕이 될 수 있는 말을 믿어 나름 희망을 가지고 몰래 신라를 부흥시킬 뜻을 가졌다. 이때 김사미의 봉기군은 이지순이 탐욕하여 금은보화를 좋아하는 것을 알고 선물을 주었고, 이지순은 봉기군에게 의복과 식량, 신발과 버선까지 대줌으로써 적의 형세를 도왔다. 김사미의 봉기군은 이지순과 연대함으로써 자기의 세력이 유지되기를 바랐던 반면, 이지순은 경주를 포함한 범 경주권의 영향을 확대시키려는 의도가 일치하였기 때문으로 생각된다. 이에 따라 봉기군은 세력이 더 강성해 질 수밖에 없었고, 이러한 상황을 토벌군인 전존걸은 견디다 못해 자살을 하였다는 사실을 통해 당시 상황을 짐작할 수 있다.

김사미는 어떤 인물일까?

김사미는 저항을 일으켰을 때 운문을 중요한 근거지로 삼았는데, 그는 어느 지역에서 성장하였을까? 김사미의 김은 성을 의미하고, 사미는 불교적 용어이다. 사미는 구조(驅鳥)사미, 응법(應法)사미, 명자(名字)사미 등으로 구분하지만, 일반적으로 출가하여 열가지 계율을 받은 어린 남자들로,

행자(行者)라고 부르기도 한다. 이들은 고려 때 처가 있는 승려(妻僧), 집에 거주하는 승려(居家僧僧) 혹은 재가화상(在家和尙), 수원승도(隨院僧徒) 등의 존재로 볼 수 있다.

김사미는 출가자이므로, 운문이라는 명칭을 고려할 때 오늘날 운문지역에 존재하였던 사찰 혹은 지금의 운문사와 인연을 가졌던 인물로 추정된다. 운문사는 청도군 내에 있지만, 청도면이 있는 지금의 밀양시와도 가까운 점을 고려하면, 김사미는 이러한 지역의 출신일 가능성이 많다.

| 김사미와 인연이 추정되는 청도군 호거산 운문사

김씨는 『세종실록』지리지에 청도군(申·金·白·李·曺)과 밀양도호부(孫·朴·卞·金·趙·邊·楊)의 토성이었다. 토성은 조선초기까지 지역의 기반을 가지고 있는 토착성씨를 의미한다. 의종 16년 김량신(金亮辛)이 청도현의 치사 호장(戶長), 즉 대표적인 향리였던 점을 고려하면 김사미는 무신정권기 청도

116

현의 지역 세력일 가능성이 많다. 하지만, 김씨가 인근인 밀성군의 토성인 점을 고려하면 밀양지역의 세력도 전혀 배재할 수 없다. 김사미는 이들 지역의 토착세력의 기반을 가지고 민의 저항을 주도하였다.

김사미는 무슨 이유로 봉기를 하였을까? 이시기의 많은 민의 봉기는 수령과 토착세력의 수탈에 대한 저항의 의미를 지니고 있었다. 그래서 봉기세력들은 군현을 주요한 공격의 대상으로 삼았다. 김사미도 그러한 목적을 가지고 있었을까? 김사미는 지역에 상당한 기반을 두고 있었던 인물이라는 점을 고려하면 자신도 오히려 공격의 대상이 될 수 있었다. 그런데 김사미는 봉기를 주도하였을 때 지역의 토착세력을 공격의 대상으로 삼았다기보다는 청도현과 밀성군에 파견된 수령과 이들과 연결된 중앙의 세력을 저항의 대상으로 삼았을 것이다. 김사미의 세력은 지역의 많은 민들을 후원군으로 삼아 강력한 저항을 할 수 있었다.

| 청도군 운문사 경내 비구니들의 행보

그런데 김사미는 봉기가 진행되는 명종 24년 2월 자진하여 남로병마사의 영(營)에 출두하여 항복을 하였다. 김사미가 이런 결정하게 된 것은 봉기 군 내에 불화나 혹은 혼자 투항을 할 수 밖에 없었던 요인이 있었을 것이다. 무슨 마음으로 이런 결정을 하였는지 명확하게 알 수 없지만, 이로 인해 봉기군은 약화될 수밖에 없었지만, 잔여세력들은 더 강력한 저항을 전개하였음을 엿볼 수 있다.

김사미의 잔여세력 계속 저항하다

김사미는 항복한 후 곧 처형을 당하였지만, 그와 연결된 세력들은 조직을 거느리고 저항을 지속하였다. 명종 24년 4월 밀성군의 저전촌(楮田村: 밀양시 산내면 용전리)에서 남로병마사가 이끌고 있는 정부군과 봉기군의 대전투를 통해 알 수 있다. 전투가 얼마 동안 진행되었는지 알 수 없지만, 정부군은 봉기군 7천여명의 목을 베었고, 병기, 소, 말도 이와 비슷한 숫자를 노획하였다. 이는 남적으로 불리었던 김사미의 세력이 운문뿐만 아니라 운문지맥인 밀양의 저전촌까지 세력기반을 확대하였음을 보여 준다.

이곳은 7천명의 저항세력이 모일 수 있는 군사적 기반의 역할을 하였던 장소였음을 유추할 수 있다. 저항세력은 농경과 군사적 목적을 위해 많은 수의 소와 말을 소유하였고, 이를 통해 인적 혹은 군사적 기반을 확대하였다. 김사미의 잔여세력은 운문과 밀양에서 자신들의 목적을 위해 끝까지 항전하였지만, 전투에서 인명과 병기, 그리고 우·마의 손실을 입음으로써 상당한 군사·경제적 타격을 입었다. 그해 10월 남적의 처자 350여 인은 체포되어 얼굴에 묵형[黥]을 당하고, 서해도(西海道)로 유배되었다가 여러 성의 노비로 충당되는 아픔을 당기기도 하였다.

결국 12월 김사미와 함께 남적을 이끌던 효심(孝心)도 남로병마사에 생포되면서 남적은 급격하게 소멸되었다. 그에 따라 남로병마사 고용지가 군사를 이끌고 개경에 돌아왔을 때 명종은 그의 공로를 높이 평가하였다. 1년 반 동안 지속한 남적 김사미의 저항세력은 자신의 목적을 이루지 못한채 역사 속으로 사라졌지만, 그의 저항정신은 계속 이어졌을 것이다.

참고문헌

『고려사』, 『고려사절요』.
김광식, 「운문사와 김사미난-고려중기 사원세력의 일례」, 『한국학보』 54, 1989.
이정신, 「농민천민의 봉기」, 『신편한국사』 20, 1994.

아버지 원수 갚으려 왜구에 저항한
신사천(辛斯蔵)의 딸 신씨_김광철

"도적놈아, 죽일 테면 죽여라! 네가 이미 내 아버지를 죽였으
니 나의 원수다. 차라리 죽을지언정 너를 따라가지 않겠다."

『고려사』「열전」효우전(孝友傳)에는 아버지를 죽인 왜구를
크게 꾸짖다가 자신도 죽임을 당한 신씨의 효행을 소개하고
있다. 신씨(1367~1382)는 영산(靈山: 지금의 경상남도 창녕군 영산
읍) 사람으로 낭장(郎將)을 지낸 신사천의 딸이다.

| 창녕군 도천면의 영산 신씨 삼강 정려비

신사천의 가계

고려시대 영산현은 창녕군, 청도군, 현풍현, 계성현, 풍
각현, 수산현 등과 함께 오늘날 밀양시 지역인 밀성군의 속

120

읍이었다. 영산현은 본래 신라의 서화현(西火縣)으로, 경덕
왕 16년 관제개편 때 이름을 상약(尙藥)으로 고치고, 밀성군
의 영현(領縣)이 되었다. 고려에 와서 영산현으로 고쳐 그대
로 밀성군에 소속시켰고, 원종 15년(1274)에 임시 지방관인
감무(監務)를 두었다.

영산신씨는 영산현의 대표적인 토성으로, 고려후기에 많
은 인물들이 배출되었다. 신천(辛蕆)은 판밀직사사를, 신예
(辛裔)는 정당문학, 신부(辛富)는 판개성부사, 신귀(辛貴)는 판
밀직사사를 역임하였으며, 승려 출신인 신돈(辛旽)은 공민왕
대에 왕권을 대행하는 집권자가 되어 개혁정치를 주도한 바
있다.

신사천의 가계는 이들과 달리 고위직으로 벼슬한 사람이
드물었지만, 효행과 절의를 다한 인물을 배출하였다. 신사
천의 조부는 신성열(辛成烈)
이고 아버지는 신유린(辛有
鄰)이다. 신사천은 5남 3녀
를 두었는데, 아들은 식(息)·
제(惿)·열(悅)·환(懽)·희(憘)이
며, 장녀는 강필(姜弼)의 처이
고, 차녀는 김우현(金遇賢)의
처이다. 3녀가 바로 우왕 8
년에 왜구에게 살해된 효의
(孝義)이다.

차녀 김우현의 처도 우왕 5

| 삼강사 내의 열효 신씨 정려비

121

년(1379) 왜구 침입때 남편을 지키려다 희생당하여 열녀가 된 인물이다. 이 때 왜구가 영산현을 침입하자 김우현은 군사 동원의 책임자였지만 도망치고 나오지 않았다. 감군(監軍)이 남편 있는 곳을 대라고 추궁하자 신씨는 "포상하는 일이라면 마땅히 남편이 있는 곳을 고하겠지만, 지금 죄를 주려고 하문하는 것이니 어찌 차마 스스로 고하여 남편을 사지로 몰 수 있겠습니까?"라고 답하며 모진 고문에도 자복하지 않고 죽었다. 이 일로 그녀는 조선 태종 15년(1415)에 정려(旌閭)되었다.

왜구가 영산현에 들이닥치다

영산현을 비롯한 그 인근지역 밀양 주변에 왜구가 침입하기 시작한 것은 공민왕대부터이다. 공민왕 10년 8월 왜구는 동래(東萊)와 울주(蔚州)에 침입하여 불을 질러 약탈하고 조운선(漕運船)을 빼앗은 후, 양주(梁州), 김해부, 사천, 밀성군에도 침입하였다. 왜구는 공민왕 13년 다시 밀양 지역을 공격하였다. 이 해 3월 왜구는 2백여 척의 선단을 이끌고 하동·고성·사천·김해·밀성·양산 지역을 차례로 침탈하였다. 양산을 침입해서는 민가 200여 호를 불태우는 피해를 입혔다.

공민왕 13년 이후 공민왕 말까지 밀양을 비롯하여 경상도 남해안 일대에 대한 왜구의 침탈은 더 이상 없었다. 그것은 이 시기 왜구의 공격목표가 주로 양광도와 서북면 등 개경 근교에 집중된 데다가, 공민왕이 일본으로 김일(金逸)을 보내 왜구를 금해주기를 요청한 데 따른 것이다. 이에 일본은 사신을 고려로 보내고, 대마도에서도 토산물을 바치게 되었다.

영산현을 비롯한 밀양 지역에 대한 왜구의 침탈은 공민왕이 사망하고 우왕이 즉위하면서 곧 시작되었다. 우왕 즉위년 12월 왜적은 밀성의 관청을 불태우고, 인명과 재물을 약탈해 갔다. 다음 해에도 다시 밀양을 공격해 마을을 불살랐다. 당시 방어 책임자인 만호가 이를 막지 못할 정도로 공세가 치열했다. 정부에서도 사태가 심각하다 판단하여 장군 최인철(崔仁哲)을 현지로 보내 안무하는 한편, 백관들에게 편민책을 올리도록 하였다.

이어서 우왕 1년 11월에는 왜구가 밀양, 김해, 대구 지역 등을 침범하였다. 먼저 왜적이 김해부를 침범하여 사람과 짐승을 죽이고 노략질하며 관사를 불사르자 도순문사 조민수(曹敏修)가 이에 맞서 싸우다 패전하고, 대구현에서도 패전하여 아군의 많은 사상자를 낳았다. 왜구는 다시 수십 척의 선단을 이끌고 김해로부터 황산강(黃山江)을 거슬러 올라 밀성군을 침범하였다. 이 전투에서는 조민수가 요격하여 수십 급(級)을 참살하는 전과를 거두었다.

우왕 2년 11월에도 왜구는 밀성군과 동래현을 침탈하여 인명을 살상하고 노략질 하는 등 이 들 지역을 초토화시켰다. 왜구는 우왕 3년 4,5월 두 달 동안 울주·경주·양주·밀성·언양·영산·김해 지역 일원을 대상으로 간격을 두고 반복적으로 침탈하였다. 이 해 4월 왜구는 다시 울주·양주·

밀성을 침범하여 이 곳을 거의 다 불사르고 노략질하였으며, 또 언양현을 침범하였다.

이 사이에 정부에서는 밀직 이림을 경상도 조전원수로, 왕빈을 안동도 부원수로 삼아 이 지역 왜구 방어를 강화하였다. 그럼에도 왜구는 다시 밀성군을 침범하고 영산현까지 침탈 지역을 넓혀갔다. 밀양을 비롯한 오늘날 동부 경남 일대에 대한 왜구의 침탈은 우왕 3년 5월까지 계속되었다. 밀양을 비롯한 그 인근 지역에 왜구가 다시 침범하는 것은 왕 5년 5, 6월 경이며, 이후 2년 남짓 왜구의 침탈이 없었다. 밀양과 그 인근 지역에 다시 왜구가 침범하는 것은 우왕 7년 11월의 일이며, 이것이 고려말까지 이 지역에 대한 마지막 침입 사례이다.

신사천과 그의 딸은 우왕 8년 영산현이 침탈당할 때 왜구에게 살해되었다. 영산현이 왜구에게 침탈당했다는 기록은 우왕 3년 4월의 것이 유일하여, 우왕 8년의 침탈 사실은 확인되지 않지만, 당시 상황을 고려하면 침입이 있었을 것으로 보인다. 우왕 8년의 왜구 침입은 전국적인 현상이었으며, 당시 왜구의 기세가 치열했고 주민의 피해가 매우 컸음은 다음에서 이를 확인할 수 있다.

근년 이래로 왜구가 날마다 번성하여 깊이 침투해 들어와서 노략질하며 인민을 죽이거나 잡아가고 가옥을 불태워 훼손하였으니, 주군(州郡)은 피폐해지고 농지는 황무지가 되어버렸다.(『고려사절요』 권32, 우왕 8년 6월)

왜구의 칼날도 무섭지 않았다

고려 말 왜구의 침입은 토지의 황폐화와 재물의 손실 등 경제적 피해를 입혔고, 인명의 살상과 인구의 이동을 불러왔다. 신사천의 고향인 영산현의 경우도 예외는 아니었다. 신사천은 만년에 고향에 내려와 퇴거생활을 하고 있었는데, 당시 왜구의 침입이 매우 빈번하였다.

우왕 8년(1382) 왜구 50여 명이 말을 타고 영산현에 들이 닥쳤다. 신사천은 가족을 데리고 멸포(蔑浦, 경남 창녕군 길곡면 낙동강 가에 있는 포구)에서 배를 타 탈출하려고, 두 아들 신식(辛息)과 신열(辛悅)에게 배를 끌어 출항시키게 하였다. 그러나 여름 장마철이라 물살이 거세어 닻줄이 끊어지면서 배가 언덕에 닿았다. 그러자 추격해오던 왜구가 배로 올라와 배에 탄 사람들을 거의 다 죽여버렸다. 신사천도 이 때 살해당했다.

왜구가 딸 효의(孝義)를 잡아 배에서 끌어내리니 신씨가 몸부림치며 저항하였다. 적이 칼을 뽑아 위협하자 신씨는 "이 놈아! 죽일 테면 죽여라! 네놈들은 우리 아버지를 죽였으니 나의 원수다. 내 차라리 죽으면 죽었지 너희들을 따라가지 않을 것이다!"며 소리 질렀다. 그러고는 적의 멱살을 잡고 발로 차서 쓰러뜨리니 적이 노하여 신씨를 죽였다. 당시 신씨의 나이 16세였다. 체복사(體覆使) 조준(趙浚)이 그 사실을 조정에 보고하고 비석을 세워 정표하였다.

참고문헌

『고려사』, 『고려사절요』, 『신증동국여지승람』, 『씨족원류』, 『영산신씨족보』

김기섭, 「14세기 왜구의 동향과 고려의 대응」, 『한국민족문화』 9, 1997.

이 영, 『잊혀진 전쟁, 왜구』, 에피스테메, 2007.

박종기, 「고려말 왜구와 지방사회」, 『한국중세사연구』 24, 2008.

이재두, 『『신증동국여지승람』에 반영된 효 인식」, 『영남학』 28, 2015.

권순형, 「고려시대 절부(節婦)에 대한 고찰」, 『여성과 역사』 27, 2017.

이정란, 「신돈의 영산신씨 가계와 가족들」, 『한국중세사연구』 53, 2018.

왜구의 칼날 앞에 절개 지킨 정만(鄭滿)의 처 최씨_김광철

"진주 호장(晉州戶長) 정만(鄭滿)의 처는 최인우(崔仁祐)의 딸입니다. 기미년(고려 우왕 5년, 1379)에 왜구가 진주에 침입하였을 때 최씨가 왜적에게 붙잡혔는데, 왜적이 그를 더럽히려 하였으나 최씨는 절개를 지켜 따르지 않았습니다. 왜적이 칼로 위협하자 최씨가 왜적을 꾸짖으매, 왜적이 즉시 그녀를 죽였습니다."

조선 태종 13년(1413) 2월 7일, 경상도관찰사는 도 내 효자(孝子)와 절부(節婦) 5명을 표창해줄 것을 정부에 요청하였다. 그 대상은 진주 호장 정만의 처 최씨와 안동 사람 전 산원(散員) 유천계(俞天桂)의 처 김씨, 풍산 사람 이강(李橿)의 처 김씨, 함양 사람 전 역승(驛丞) 정인(鄭寅)의 처 송씨, 성주 화원현(花園縣) 사람 김자강(金自强) 등이었다. 새로 출범한 조선 정부가 고려말의 효자와 절부를 표창하여 교훈으로 삼고자 한 포상 조치였다.

정만의 처 최씨와 함양의 전 역승 정인의 처 송씨는 모두 고려말 왜구 침입 때 왜구에게 붙잡혀 봉변을 당하는 중에 죽음으로써 절개를 지킨 여인들이다. 왜구침입으로 민간의 재산이 약탈당하는 등 경제적 피해는 물론이고 수많은 인명의 살상을 가져왔다. 전쟁의 피해가 늘 그러하듯이 왜구의 침탈은 고려 여성들을 사지로 몰아넣고 있었다. 살상과 강간은 왜구가 침입한 지역마다 다반사로 벌어지고 있었다.

왜구가 진주지역을 휩쓸다

정만의 처는 우왕 5년(1379) 진주 지역에 왜구가 침입했을 때 희생당했다. 진주와 그 인근지역에 왜구가 침입하기 시작한 것은 충렬왕 6년(1280) 5월 고성 칠포(漆浦)에 왜구가 침입하여 어부를 잡아가면서부터이다. 이른바 '경인년 왜구'라 일컫는 충정왕 2년(1350)의 왜구 침입은 이 해 2월 진주 인근의 고성(固城)의 죽림부곡과 거제 지역을 침입하면서부터 시작되었다. 이 때 합포 천호 최선(崔禪)과 도령(都領) 양관(梁琯) 등의 활략으로 왜구 300여 급을 목베거나 사로잡는 전과를 올렸다. 이 해 4월에는 왜선 100여 척이 순천을 공격하고 이어서 남원, 구례, 영광 장흥의 조운선을 약탈하였고, 6월에는 왜선 20여 척이 합포(지금의 마산)를 공격하여 군영을 불사른 다음 고성과 창원을 불태우는 피해를 입혔다.

이듬해인 공민왕 즉위년(1351) 11월에는 남해현을 침탈하였고, 공민왕 원년 9월에는 왜선 50척이 다시 합포를 공격하여 노략질하였다. 공민왕 7년(1358) 3월에는 왜적이 사천의 각산수(角山戍)를 공격해서 우리 선박 300여 척을 불태우는 등 왜구의 침탈은 날로 치열해지고 있었다. 왜구는 공민왕 9년 4월에 사천의 각산(角山)을 침탈하였으며, 이듬해 3월에는 사천과 고성, 거제 지역을 침탈해 왔다. 공민왕 11년에는 진주의 악양현을 불태웠으며, 13년에는 하동, 고성, 사천을 차례로 침탈하였다. 이 때 침입한 왜구의 규모는 매우 컸던 것으로 보인다. 공민왕 13년 5월 진해현(지금에서 경상도도순문사 김속명(金續命)이 왜구 3천명을 격퇴한 것으로 전해지고 있는 데서 이를 알 수 있다.

왜구는 공민왕 22년(1373) 2월 오늘날 창원시 마산합포구 구산면 지역인 구산현을 침입하는데, 이때 경상도 도순문사 홍사우(洪師禹)가 왜구 수백급을 목벨 정도로 치열한 전투가 벌어졌다. 공민왕대 마지막 해인 23년 3월에는 우리의 병선 40여 척을 불태우는 피해를 입혔고, 4월에는 왜구가 선박 350척으로 합포를 공격하여 군영과 병선을 불태우는 한편, 우리 군인 5천여 명이나 살상했다.

우왕 즉위년(1377)에서 7년까지 경남 연해지역에 대한 왜구의 침입은 66회나 된다. 왜구 침입 절반 이상이 이 시기에 집중되었다. 우왕 2년(1376)은 왜구 침입으로 날이 샐 정도로 경남 연해 지역에 대한 왜구의 총 공세가 나타난 시기이다. 왜구는 이 해 6월, 11월, 12월에 걸쳐 고성, 합포, 명진, 함안, 동래, 동평, 양주 언양, 기장, 영선, 반성, 울주, 회원, 의창, 밀성 등 15개 고을을 도륙했다. '불태우고 노략질하여 남아 있는 것이 거의 없었다'라고 할 정도로 이들 지역은 초토화되고 말았다.

우왕 3년 9월 왜구는 악양현을 침탈했으며, 이듬해 8월에는 경상도원수 배극렴(裵克廉)이 고성 욕지도에서 왜구를 쳐서 50 급을 베는 전과를 올렸다. 우왕 5,6년의 왜구 침입은 내륙 지역으로 방향을 돌리고 있다. 연해 지역 공략에서 성과를 거두지 못한 결과인지 모른다. 우왕 5년 9월 왜구는 반성, 거창, 단계, 야로, 가수, 진주, 산음, 함양현 등을 공격했다. 도순문사 김광부(金光富)가 이에 맞서 싸웠으나 패배하여 전사할 정도로 왜구의 공세가 강화되고 있었다. 해인사에 보관 중이던 고려 역대실록과 여러 서적을 선산 득익사(得益寺)로 옮기는 것도 이때 왜구의 공격 때문이었다.

왜구의 칼날 앞에서도 굳게 절개 지키다

우왕 5년 9월 왜구의 진주 침입은 진주 호장 정만(鄭滿)의 일가를 사지로 몰아넣었다. 진양정씨 정만은 당시 진주의 향리로 활동하고 있었다. 이 때 정만은 기인역을 치르러 업무차 진주를 떠나 개경에 가 있었기 때문에 화를 면할 수 있었지만, 그의 처 최씨와 네 아들이 왜구의 침탈을 당해야 했다.

정만의 처 최씨는 영암군의 유생 최인우(崔仁禑)의 딸이었다. 『세종실록지리지』영암군의 토성(土姓) 가운데 최씨를 확인할 수 있는데, 최인우는 영암최씨일 것으로 보인다. 최인우의 딸 최씨는 진주 호장 정만에게 시집갔다. 혼인 시기는 최씨의 나이 서른 남짓에 자녀가 넷이었다는 것으로 보아 20세 전후인 공민왕 18년(1368) 경이었을 것 같다.

우왕 5년(1378) 9월, 왜구가 진주를 침탈하여 왜적들이 마을에 난입하자 정만의 처 최씨는 젖먹이 아이를 포함하여 아들 넷을 데리고 산속으로 피해 숨어 있었다. 그때 최씨는 나이 서른 남짓으로 젊은데다 용모도 아름다워서 왜적들이 잡아 욕보이려고 칼을 빼어 위협하였다. 이에 최씨는 나무를 부둥켜안고 저항하면서, "죽기는 마찬가지인데 욕을 당하고 사느니 차라리 의롭게 죽을 것이다."하며 계속 적들을 꾸짖었다. 왜구들은 결국 최씨를 죽이고 아들 넷 가운데 두 아들을 포로로 잡아갔다. 남겨진 여섯 살 난 아들 정습(鄭習)은 어머니 시신 곁에서 울부짖었고, 젖먹이 아이는 어머니가 죽은 줄도 모르고 기어가 젖을 빠는 비통하고 기막힌 일이 벌어졌다. 젖먹이 아이는 결국 최씨 몸에서 흐르는 피가 입으로 들어가 곧 죽고말았다.

　10년 후인 창왕 1년(1389)에 도관찰사 장하(張夏)가 이 일을 조정에 보고하자 조정에서는 그 마을에 정문을 세워 표창하고 정습의 향역(鄕役)을 면제해 주었다. 조선 세종 2년(1420) 5월 7일 예조에서는, "진주 아전 정습(鄭習)은 열녀의 아들이온데, 비록 장정 삼형제 중에 한 사람이 아니오나, 잡과(雜科)에 과거보는 것을 허락하여 절의를 장려하고 풍속을 권면하게 하소서."라고 건의하여 잡과 응시자격을 취득할 수 있었다.

참고문헌

『고려사』, 『고려사절요』, 『신증동국여지승람』, 『씨족원류』.
김기섭, 「14세기 왜구의 동향과 고려의 대응」, 『한국민족문화』 9, 1997.
이　영, 『잊혀진 전쟁, 왜구』, 에피스테메, 2007.
박종기, 「고려말 왜구와 지방사회」, 『한국중세사연구』 24, 2008.
이재두, 『신증동국여지승람』에 반영된 효 인식」, 『영남학』 28, 2015.
권순형, 「고려시대 절부(節婦)에 대한 고찰」, 『여성과 역사』 27, 2017.

VII

원간섭기, 개혁을 외치다

충선왕의 충신, 허유전(許有全)_신은제
청백리, 치암(恥菴) 박충좌(朴忠佐)_안순형
최후의 측근, 신돈(辛旽)_신은제

Ⅶ. 원간섭기, 개혁을 외치다

충선왕의 충신, 허유전(許有全)_신은제

"사람은 모두 한 번 죽는 법인데 처가 병들고 내가 늙었다고 해서 어찌 우리 임금을 잊고 나만 편히 지내겠는가?" 1321년(충숙왕 8) 고려의 상왕(上王)이었던 충선왕이 원나라 영종(英宗)에 의해 멀고 먼 토번으로의 유배 길에 오르자, 여든 한 살의 노신은 병든 부인의 만류를 뿌리치며 이렇게 말했다. 노신의 부인은 결국 일주일 뒤 세상을 등졌고, 노신은 성과 없이 반년 만에 고려로 돌아왔으나, 임금을 잊지 않은 노신, 허유전(許有全)의 명성은 역사에 길이 남았다.

| 강화군 불은면 허유전의 묘(인천광역시기념물 26호)

가계와 출사

허유전은 김해 허씨로, 족보에 의하면 그는 몽고의 침략이 한창일 때인 1243년(고종 30) 출생하였다. 부친은 밀직사사(密直司事)를 지낸 허연(許延)이고, 조부는 병부상서(兵部尚書)를 지낸 허자(許資)였다. 하지만 규장각한국학연구원에서 소장하고 있는 『등과록전편(登科錄前篇)』에 의하면 부친은 허폐(許襲)이고, 조부가 허연(許延), 증조부가 허자(許資)이다.

족보와 등과록을 제외하면 허유전의 가계에 대한 기록이 남아 있지 않아 자세한 그의 가계는 확인하기 어렵다. 『등과록전편』에 의하면, 허유전은 1274년(원종 15) 5월에 유천우(俞千遇)가 지공거가 되고 장일(張鎰)이 동지공거가 되어 과거를 주관할 때, 을과(乙科) 3등으로 과거에 급제하였다. 허유전이 과거에 급제한 때는 원나라에서 일본원정을 개시할 시점이었고 그의 고향 김해는 일본원정의 전초기지였다.

그런데 이상하게도, 『고려사』 등 각종 자료에는 급제 후 허유전의 행적이 나오지 않는다. 원종이 사망하고 충렬왕(忠烈王)이 즉위한 뒤, 허유전의 관직생활은 그리 녹녹한 편은 아니었던 것으로 판단된다. 충렬왕 21년 종5품직인 감찰시사(監察侍史)에 임명되었는데, 원종 15년 종7품으로 입사하였다하더라도 그의 승차는 빠른 편이 아니다.

측근정치를 비판하다

1295년(충렬왕 21) 허유전은 감찰시사라는 요직에 올랐다.

그러나 허유전의 앞길은 순탄치 않았다. 충렬왕의 폐행 즉 측근세력들이 허유전을 참소하여 순마소(巡馬所)에 수감했기 때문이다. 허유전은 순마소에 수감된 후 저자거리에서 장형(杖刑)에 처해질 상황이었으나 순마지유(巡馬指諭) 고종수(高宗秀)의 도움으로 겨우 처벌을 면할 수 있었다. 허유전이 충렬왕의 폐행들에게 참소당한 이유는 사료에 나오지 않아 정확히 알 수는 없으나, 대략 2가지 가능성을 추론할 수 있다. 당시에는 충렬왕의 측근들이 다른 사람의 토지와 노비를 탈점하는 등 갖가지 불법을 자행할 때였다. 감찰시사였던 허유전으로서는 그들의 불법을 손놓고 보고만 있지는 않았을 터이다. 때문에 충렬왕의 측근들로부터 참소를 당했을 가능성이 있다. 또 하나는 충선왕과의 관계이다. 부왕 충렬왕의 측근정치에 비판적이었던 충선왕은 1288년(충렬왕 14) 충렬왕의 환관인 최세연(崔世延)과 도성기(陶成器)를 내칠 것을 왕에게 건의하였다. 어쩌면 허유전도 충렬왕의 측근정치에 비판적 입장을 견지하며 1288년 이후 세자였던 충선왕과 일정한 관계를 유지하였을 가능성이 있다. 이 때문에 충선왕을 못마땅해 하던 충렬왕 측근세력들의 공격대상이 되었을 것이다. 특히 당시는 충선왕이 본격적으로 고려의 국정에 관여하기 시작한 때이자, 충렬왕의 측근세력이 분화하여 관료들 사이에 충선왕파가 형성될 시기였다. 그런 분위기에서 허유전은 장형의 위기를 무사히 넘겼고 얼마 되지 않아 종4품의 국학사예(國學司藝)로 승진하였다.

충선왕에게 중용되다

충렬왕 23년 아들 충선왕의 혼례식에 참석하기 위해 원에 갔다가 귀국하던 제국대장공주(齊國大長公主)의 갑작스런 죽음은 고려의 정국을 요동치게 만들었다. 원에 있던 세자 충선왕은 귀국 후, 모후의 죽음이 충렬왕의 궁첩인 무비(無比) 때문이라 여기고는 충렬왕 측근세력에 대한 대대적인 숙청을 단행하였다. 이 과정에서 충렬왕의 환관이었던 최세연과 도성기를 비롯해 40여명이 죽거나 유배되었다. 이후 정국을 주도한 충선왕은 1298년(충렬왕 24) 마침내 부친으로부터 양위를 받아 왕위에 오른다. 충선왕이 왕위에 오른 후 허유전은 중용되기 시작했다. 1298년 2월 국학사예로서 전라도 안렴사에 임명되었으며, 2달 뒤에는 정치의 잘잘못에 대해 직언하게 하면서 실책이 있으면 즉시 상소해 보고하라는 왕의 지시를 받기도 했다. 허유전은 왕에게 시정(時政)을 직언할 정도로 중용되고 있었던 것이다. 당시 충선왕은 부왕의 측근정치에 대해 비판적이었던 문신관료들을 우대하고 있었는데, 허유전도 그 중 하나였다.

하지만, 충선왕은 8개월을 넘기지 못하고 다시 왕위를 부왕에게 반환해야 했다. 원은 충선왕을 퇴위시키고 충렬왕을 복위시켰다. 왕의 교체는 고려 정국에도 큰 영향을 미쳤다. 충선왕 재위기간 중용되었던 이들은 한직으로 물러나야 했으며, 대신 충선왕에 의해 배척받았던 이들이 요직으로 진출했다. 이후 고려의 정국은 충선왕파와 충렬왕파 사이에 사생결단으로 치닫고 있었다.

충선왕과 운명을 함께하다

공격은 충선왕파에 의해 시작되었다. 충선왕파 인후(印侯)와 김흔(金忻)이 충렬왕파의 영수였던 한희유(韓希愈)가 반란을 꾀한다고 원 조정에 고변한 것이다. 이 사건은 결국 무고로 드러났고 이로 인해 고려에서 충선왕파의 입지는 축소되었다. 한편 충렬왕파의 공격은 더 대담하고 교묘했다. 당시 충선왕은 부인인 계국대장공주(薊國大長公主) 부다시린[寶塔實憐]과 사이가 좋지 않았는데, 이를 이용해 충선왕과 부다시린을 이혼시키려는 책동을 계획했다. 충렬왕은 당시 종친 가운데 가장 외모가 빼어났던 서흥후(瑞興侯) 왕전(王琠)을 부다시린에게 소개시켜 부다시린을 왕전에게 개가시키려 했다. 원 공주와 혼인하여야 고려왕이 될 수 있었던 사정을 이용해 충선왕을 고려국왕이 될 수 없도록 하려는 시도였다. 이러한 개가책동은 원 황실의 부담감과 고려 중신들의 강력한 건의로 인해 저지되었다. 부다시린 공주의 개가책동을 저지하는데 허유전은 적지 않은 역할을 한 것으로 보인다. 1308년 충선왕은 복위한 뒤, 조서를 내려 "평리(評理) 박경량(朴景亮), 유복화(劉福和), 홍선(洪詵), 허유전(許有全) 등이 의기를 떨쳐 죽음을 무릅쓰고 간악한 모의를 힘써 막아내었으니 충성스러움이 특출나다"고 하면서 그들의 자손을 서용할 것을 천명했다. 간악한 모의란 충선왕비 부다시린공주의 개가책동을 말하고 이 때 허유전은 '죽음을 무릅쓰고' 그 책동을 저지시켰던 것이다. 이후 충선왕이 복위하자, 허유전은 다시 중용되어 도첨의참리(都僉議叅理), 지밀직사사(知密

直司事) 등의 관직을 역임하였다. 충선왕이 왕위를 충숙왕에게 물려주고 대위왕(大尉王)이 된 이후 가락군(駕洛君)에 책봉되었고 단성수절공신(端誠守節功臣)이 되었으며 수첨의찬성사(守僉議贊成事)로 은퇴하게 했다.

충선왕의 충신이 되다

고려왕위를 충숙왕에게 물려준 이후에도, 충선왕은 원 조정에서 막강한 실력자가 되었다. 원의 인종(仁宗) 아유르바르와다가 충선왕을 우승상에 임명하려 하였는데, 이는 당시 원나라에서 충선왕의 영향력이 어느 정도였는지를 잘 보여주는 사례이다. 그러나 인종의 사망은 모든 것을 바꾸어 놓았다. 새로 왕위에 오른 영종(英宗) 시대빌라는 부친대까지 권력을 농단하던 조모 흥성태후(興聖太后)세력에 대한 대대적인 숙청을 단행하였고 이 과정에서 충선왕도 무사하지 못했다. 영종은 기병을 보내 강남으로 가던 충선왕을 전격 체포하여 대도로 압송하였다. 충선왕은 원나라 형부에 수감되었다가 곧 머리를 깎고 석불사(石佛寺)에 안치되었는데, 곧이어 토번(티벳)으로 유배되었다. 충선왕의 토번유배는 고려에 큰 충격을 주었고, 정치는 요동쳤다. 충선왕이 모든 권력을 잃고 유배길에 오르자, 충선왕에 충성했던 관료들이 충선왕의 조카이자 고려왕위를 노리던 심왕(瀋王) 측에 가담하여 매정하게 충선왕에게 등을 돌리고 있었다. 하지만 허유전, 민지(閔漬), 이제현(李齊賢) 등의 관료들은 원나라에 직접 소를 올려 왕의 유배를 막으려 했다. 특히 허유전과 민지는 직접 원나라로 가서 유배를 막아보려 했으나 끝내 실패하고 만다. 충선왕은 원나라 영종이 시해당하고 태정제(泰定帝) 예순테 무르가 즉위한 뒤에야 겨우 토번으로부터 돌아올 수 있었다.

허유전은 측근정치가 만연하던 충렬왕과 충선왕대 문인 관료로서 측근정치에 빠지지 않고 지조를 지키며, 진심으로 왕을 섬긴 관료로 평가된다. 허유전은 홍자번(洪子藩), 민지, 이제현과 같은 문인관료였고, 그들과 같은 정치적 입장을 견지하였으며 충선왕의 지지자로서 고려사회를 안정시키려 노력한 인물이었다. 한편 허유전의 묘소는 현재까지 잘 보전되어 있어 고려후기 관인들의 묘제를 이해하는 데 중요한 정보를 제공하고 있다. 이러한 가치 때문에 인천광역시에서는 그의 묘소를 인천광역시기념물 26호로 지정해 보존하고 있다.

참고문헌

『고려사』, 『등과록전편』.
김광철, 「홍자번연구-충렬왕대 정치와 사회의 일측면」, 『경남사학』 창간호, 1984.
김광철, 「충렬왕대 측근세력의 분화와 그 정치적 귀결」, 『고고역사학지』 9, 동아대학교 박물관, 1993.
김광철, 「14세기초 원의 정국동향과 충선왕의 토번유배」, 『한국중세사연구』 3, 1996.

청백리, 치암(恥菴) 박충좌(朴忠佐)_안순형

어릴 때부터 공부를 좋아했다[幼嗜學]. 성품은 온후하고 검약하였다[性溫厚儉約]. 그래서 '재상이 되어서도 집과 의복이 벼슬하기 이전과 같았다[雖爲卿相 居室衣服如布衣時]'. 내외 가훈을 준수하고 어려서부터 배우기를 좋아했다(公遵內外家訓 幼而好學). 재주와 용모가 무리에서 출중하였다(才貌出羣). 공은 성품이 온후하고 검소하였으며, 친족들과 화목하고 벗에게는 신의가 있었고, 벼슬이 판관으로부터 부원군에 이르렀으나 살고 있는 집을 크게 짓거나 화려하게 치장하지 않았고, 의복도 아름다운 것을 입지 않았으며, 우거하는 곳을 치암이라 하였다[天資溫厚而儉 睦於族親 信於朋友 雖爲官至府院君 不興其居 室無丹艧 衣不至美 號其所寓 曰恥菴]. 『고려사』열전과 묘지명에 보이는 그의 인물됨에 대한 평가이다.

묘지명으로 본 가계와 이력

박충좌(朴忠佐, 1287~1349)의 이력은 묘지명에 자세하게 남아 있다. 묘지명(墓誌銘)은 그가 죽던 1349년(충정왕 1)에 안산군(安山君) 안진(安震)이 지었다. 묘지석의 행방은 지금 알 수 없다. 탁본으

| 안진이 지었다는 박충좌 묘지명의 탁본

로만 지석의 상태와 원문 확인이 가능할 뿐이다. 전해지는 말에 의하면 묘지석은 북한 개성에서 공단부지 조성 때 출토된 것으로 중국을 거쳐 국내로 반입되었다고 한다. 2005년 8월 22일에 대구시 남구 이천동 고미술점에서 탁본하고 사진 촬영도 이루어졌다.

묘지명에는『고려사』의 기록과 달리 그 이름이 박충좌(朴冲佐)이다. 자(字)는 자화(子華)이며, 호(號)는 치암(恥菴)이고. 시호(諡號)는 문제(文齊), 함양군 사람이다. 시조 박선(朴善)은 고려 예부상서였다. 증조부는 박신유(朴臣蕤), 조부는 박지빈(朴之彬)이다. 아버지는 박장(朴莊)이고, 어머니는 고성 이씨(固城李氏) 이존비(李尊庇)의 딸이다.

그는 밀직부사를 지낸 한안지(韓安之)의 딸에게 장가들어 자식은 5남 2녀를 두었다. 장남 박소(朴玿)는 전의녹사였으나 먼저 죽었고, 둘째는 박정(朴珽)인데 영복도감판관(永福都監判官)을 지냈고, 셋째 박경(朴瓊)은 군부판서를 역임했다. 넷째는 박번(朴璠)으로 낭장이었으며, 다섯째는 박여(朴璵)로 위위주부였다. 딸은 내시 최자경(崔自敬)에 시집갔으나 남편이 죽자 바위에서 떨어져 죽었고, 둘째는 천우위녹사참군사 홍유룡(洪有龍)에게 시집갔다.

치암은 1313년(충숙왕 즉위년) 과거에 급제하고, 충숙·충혜·충목·충정왕 때까지 내서사인, 밀직제학, 개성부윤을 거쳐서 삼도의 안렴사(按廉使)를 지냈다. 1344년(충혜왕 복위 5)에는 지공거(知貢擧)가 되었다. 이후 제조관, 판전민도감사를 역임하고, 1345년(충목왕 1)에는 찬성사(贊成事)가 되었다.

삼중대광 판삼사사 순성보덕협찬공신에 책록되고 함양부원군(咸陽府院君)에 봉해졌다. 1347년(충목왕 3) 역대 명신 시호 중 가장 처음으로 시호인 '문제(文齊)'가 내려졌다. 일찍이 병이 들어 1349년(충정왕 1) 63세의 나이로 세상을 떠났다.

청백리, 치암 선생

치암은 관직에 있으면서 사사로운 마음이 없었다. 충선왕이 심왕 호(暠)를 돌보게 하여 왕의 스승[師傅]으로 삼았으나, 충과 의를 좇아 아부하지 않았으므로 어느 누구도 그를 비방하지 않았다. 그래서 많은 사람들의 귀감이 되었다.

엄격하고 사사로운 마음이 없으므로 무신의 인사 등을 담당하는 군부(軍簿)의 직분을 맡기도 했다. 그는 동반과 서반 장수들의 부지런함과 게으름[勤·怠], 현명함과 어리석음[賢·不肖]을 분별하여 승진과 강등의 기준으로 삼았다. 이에 관리들은 치암이 공명정대하게 인사를 잘 처리하였으므로 그의 장수와 축복을 빌기 위해 사찰에 베를 시납하였다. 하지만 치암은 이조차 받아들이지 않았다. "정치를 하면서 왕의 은혜에 잘 보답하지도 못했는데, 이같이 소중히 여기신다면 저의 부덕의 소치일 뿐"이라며, 사찰에 시납한 베를 모든 곤궁한 백성들에게 나눠주었다.

그는 권력에도 당당했다. 충혜왕 때 전라도 안렴사로 재직 중이었다. 당시 왕의 총애를 등에 업고 권력을 함부로 휘두르던 박연(朴連)이란 자가 있었다. 그는 왕의 은밀한 명령[內旨]이라며 박충좌에게 편지를 보내왔다. "양민을 노예로

만드는 것을 용인하라"는 내용이었다. 치암은 이를 받아들이지 않았다. 박연은 안렴사가 무례하게도 왕의 뜻을 받들지 않는다며 참소하였다. 왕은 크게 노하여 박충좌에게 곤장을 치고 섬으로 유배했다. 1332년(충혜왕 2) 정월이다.

　당대의 대학자였던 이제현과 최해는 박충좌의 죄를 인정하지 않았다. 적극 구명운동에 나섰다. 두 사람은 감찰대부 송서(宋瑞)의 집을 찾아갔다. 먼저 이제현이 말문을 열었다. "박충좌는 천하가 알아주는 청백리이고 천성이 온후하여 불의를 저지를 위인이 못 된다는 사실을 감찰대부도 잘 알고 계실 것이오.", "안렴사가 양민을 노예로 삼으려는 폐신의 발호를 막은 것은 상을 줄 일인데, 상은커녕 벌을 주는 조정은 도대체 누구를 위한 조정이란 말이오?"라며 꾸짖었다.

　최해도 가만있지 않았다. 박연을 원색적으로 비난하며 송서를 압박했다. "박연은 환관의 노예 출신으로 충혜왕의 총애를 받아 고관대작이 되었지만 자신의 모친 상중에 결혼할 정도로 패륜아다", "충숙왕이 복위하여 박연을 포함한 충혜왕의 폐행(嬖幸, 임금에게 아첨하여 총애를 받는 신하)들을 모두 순군옥에 가두었으니, 박연이 참소한 박충좌의 죄도 원인무효가 되었소. 그러니 내일이라도 당장 박충좌를 석방하는 것이 올바른 처사가 될 것이오." 송서는 대학자의 추상같은 항변에 제대로 답할 수 없었다. 곧 풀려났다.

　간신배에 대해서도 추상같았다. 비천한 노비출신으로서 충숙왕을 섬겨 호군 벼슬을 하고 있던 강윤충이란 자가 있었다. 그는 당시 훌륭한 장수였던 백유의 처를 강간했고,

부도덕과 부정부패의 상징적 인물이었다. 이에 치암은 왕에게 상소문을 올려 그를 단죄하려 했다. 이러한 그의 인품으로 인해 그가 떠나는 날에 나라사람들이 안타까워 했다.

치암선생의 학문과 사상

치암이 살았던 고려 후기의 사상계는 큰 변화가 일어났다. 주자성리학을 학문적 기반으로 하는 새로운 유형의 사대부가 등장하기 시작하였다. 안향·민지·이제현·이곡·백문보·박충좌·권부·백이정·우탁·최해·최문도·이색 등이 그들이다. 이들은 주자성리학을 사상적 기반한 현실인식을 통하여 개혁의 필요성을 강조했다.

치암의 학문적 스승은 백이정(白頤正)과 우탁(禹倬)이었다. 백이정과 우탁은 중국에서 직접 성리학을 연구하고 고려에 도입한 최고의 학자였다. 백이정은 안향 이후 원나라에서 본격적으로 성리학을 연구했다. 1298년 충선왕이 즉위한 지 8개월 만에 퇴위하고 원나라로 가게 되자 왕을 따라 나섰다. 이후 10년 동안 원나라에서 성리학을 연구하게 되었는데, 1308년 충선왕이 다시 왕위에 오르게 되자 귀국하게 된다. 원나라에서 돌아온 백이정은 10년 동안 모은 책을 가지고 날마다 동문 4, 5명과 함께 강론했다. 이제현과 박충좌도 제일 먼저 그를 스승으로 모시고 배웠다. 우탁은 경사(經史)에 통달했으며, 당시 역학의 최고 권위자였다. 우탁은 '역동(易東)선생'이라 불릴 정도로 역학에 밝았다.

이러한 스승 아래서 치암은 성리학을 배웠고, 그의 학문적 수준은 높은 경지에 있었다. 충목왕이 즉위하자 판전민도감사(判田民都監事)가 되었다가, 찬성사에 임명되었다. 이 때 왕에게 『정관정요(貞觀政要)』를 시강하여 상을 받았다. 『정관정요』는 당나라 태종이 신하들과 더불어 정치에 대한 논한 것을 편찬한 책으로서, 국가 통치의 기본방향과 제왕으로서의 자질을 배양하기 위한 구체적인 사항에 대해 상호문답한 내용을 수록하고 있다. 제왕의 길을 담은 '군왕 교과서'이다.

박충좌는 왕의 시독관으로서 경연에 들어가 『정관정요』를 강론한 것이다. 시독관은 왕과 마주하여 대화를 주고 받거나 주요한 부분은 토론을 하며 다양한 방법을 동원하여 정사의 바른 길을 모색하는 직책이다. 시독관이 되려면 당대 최고의 학문수준을 갖추는 것은 물론 시대를 꿰뚫어보는 혜안을 가져야 하며, 정책 제안에 이르기까지 뛰어난 덕성을 갖추어야 한다.

동문수학했던 이제현의 글에서도 치암의 학문적 태도를 엿볼 수 있다.

눈이 침침해졌어도 오직 역(易)을 읽었고
높은 벼슬에서도 초려에 거처하네
아, 가득 차는 저 연못의 물을
한 잔도 린상여께 구걸하지 않았노라

함께 왕의 고문으로 경연에 모시어

온갖 풍상 겪어가며 백발토록 지냈네

선생을 만나 배움이 참으로 다행이었건만

그대 보내고 나 홀로 어찌 남아있을까(익재 이제현의 만시(輓詩))

묘지명에도 치암선생의 삶이 시로 표현되어 있다.

글은 겸손하되 말은 엄정하며

마음은 따뜻하되 뜻은 강직했지,

덕이 있어도 말하기 좋아하지 않았나니

오직 군자의 도리이네.

어찌하여 장수(長壽)하지 못했는가!

아 슬프다! 저 푸른 하늘이여,

마음 활짝 열어 충절을 받쳤으니

우리 그대 한결같은 마음이었네.

은혜는 백성들에게 돌리고

기축년 윤 7월 저 세상으로 가셨네.

그 덕행 기록해 새기나니

자손들은 길이 보전하리라.

(지정 9년(충정왕1, 1349) 기축 9월 일)

치암선생을 기념하는 금곡서원

치암선생은 경북 예천에 있는 금곡서원에 배향되어 있다. 1568년(선조 1)에 지방유림의 뜻을 모아 학문과 덕행을 추모하기 위해 금곡서원을 창건하고 모셨던 것이다. 이후 박눌

(朴訥)과 박손경(朴孫慶)이 추가로 배향되어 함양 박씨 3인의 학문을 기리고 서원이 되었다. 이후 흥선대원군의 서원철폐령으로 사라졌다가 유림에 의해 복원되어 지금에 이르고 있다. 경내의 건물로는 3칸의 묘우(廟宇), 8칸의 강당, 3칸의 동재(東齋)·서재(西齋), 2칸의 전사청(典祀廳), 장판각(藏板閣), 신문(神門), 외문(外門)과 6칸의 주소(廚所) 등이 있다. 강당은 중앙의 마루와 양쪽 협실로 되어 있다.

| 박충좌선생의 학문과 덕행을 추모하기 위해 창건된 금곡서원(경북 예천, 한국학 중앙연구원)

148

참고문헌

『고려사』 권109 열전 박충좌전.

김용선편, 「박충좌묘지명」, 『(속)고려묘지명집성』, 2016.

진성규, 「박충좌 묘지명에 대하여」, 『백산학보』 94, 백산학회, 2012.

신창호, 「치암 박충좌의 학문과 사상」, 『고려 후기 함양지역 유현의 학문과 사상』, 함양문화원, 2013.

백원철, 「치암 박충좌의 생애와 정치적 위상」, 『고려 후기 함양지역 유현의 학문과 사상』, 함양문화원, 2013.

최후의 측근, 신돈(辛旽)_신은제

"대대로 벼슬한 명문거족들은 가까운 무리들끼리 얽혀져
있어 서로를 감싸준다. 또 초야에 묻혀 있던 신진기예들은
마치 초연한 듯 성행을 가장해 명예를 구하다가 일단 귀한
신분이 되면 자기 가문이 한미한 것을 수치로 여겨 명문거
족과 혼인하고는 애초의 생각과 행동을 죄다 던져 버린다.
또한 유생들은 강직하지 못하고 유약한데다가 문생(門生)이
니 좌주(座主)니 동년(同年)이니 떠들면서 개인적인 친소만을
따져 당파를 이루니 이러한 세 부류는 등용하기에 부적합하
다." 공민왕은 이런 이유를 들어 전대미문의 인사를 단행했
다. 한미한 이들을 요직에 자주 등용했던 '측근정치'가 구조
화된 14세기라고 하더라도, 관료로서의 경험이 전무한 승
려를 영도첨의사사(領都僉議司事)라는 '일인지하만인지상(一
人之下 萬人之上)'의 자리에 올린 전례는 없었다. 신돈은 어떤
인물이었길래 공민왕은 그를 이토록 파격적으로 등용하였
을까?

공민왕과 만나다

신돈(辛旽)은 영산(靈山) 즉 지금의 창녕군 영산면 사람으
로, 그 모친은 계성현(桂城縣) 즉 지금의 창녕군 계성면 옥천
사(玉川寺)의 여종이었다. 모친이 사찰의 종이었던 까닭인지
신돈은 어려서 승려가 되어 이름을 편조(遍照)라 하고 자(字)
를 요공(耀空)이라 했다. 『고려사』 신돈 열전에 의하면 모친

150

이 천출이어서 승려들과 어울리지 못하고 항상 산방(山房)에 떨어져 살았다고 한다. 신돈이 어떻게 공민왕과 가까워 졌는지는 알 수 없으나 당대 명문가 광산 김씨 김원명(金元命) 소개로 공민왕을 알현했다고 한다. 공민왕은 신돈을 궁으로 불러 불교 교리를 듣는 등 그와 가까이 지내게 되었다. 이후 노국공주의 죽음, 홍건적의 침입, 흥왕사의 변란 등으로 공민왕은 곤경에 처하게 되었는데, 이 때 공민왕은 더욱 신돈에 의지했다.

당시 공민왕은 내우외환에 시달리고 있었다. 즉위 이래 공민왕의 가장 든든한 지원세력은 원나라 수도 연경에서부터 그를 섬겼던 이른바 연저수종공신(燕邸隨從功臣)들이었다. 그러나 홍건적을 물리치는 데 가장 큰 공을 세운 장수이자, 공민왕의 핵심 호종공신이었던 정세운(鄭世雲)이 김용에 의해 살해당한 후, 연저수종공신 세력은 급속하게 붕괴되었다. 그러한 붕괴의 결과가 공민왕이 가장 가까이하던 최측근 김용(金鏞)이 공민왕을 시해하기 위해 일으킨 흥왕사의 변란이었다. 흥왕사의 변란은 연저수종공신들이 더 이상 공민왕에게 충성하지 않을 수 있다는 증거이자, 공민왕이 연저수종공신들에 대한 신뢰를 포기하게 만든 계기였다. 연저수종공신세력이 괴멸된 것에 반해 신흥무장세력은 급속하게 성장하였다. 홍건적의 침입, 흥왕사 변란의 진압, 덕흥군의 침입을 막아내는 데 공을 세운 무장세력의 성장은 공민왕을 긴장시키기에 충분했다. 안으로는 연저수종공신 세력이 붕괴하고 밖으로는 무장세력이 성장하던 상황에서 공민왕은 자신을 지원해 줄 새로운 인물을 찾았고, 적임자가 '세상 일에 초연해 홀로 자신을 지키는 이' 신돈이었던 것이다.

공신세력을 견제하다

속세를 떠난 승려인데다, 관료로서의 경험도 전무한 신돈으로서는 공민왕의 파격적인 등용이 마냥 달갑지 만은 않았던 것으로 보인다. 자칫 실권을 가지지 못한 유명무실한 존재가 되어 비난만 받을 수 있는 상황이었기 때문이다. 특히 신돈은 당시 조정에 만연해 있던 '참소와 이간질'을 경계하며 공민왕의 제의에 선뜻 응하지 않았다. 공민왕은 "대사는 나를 구하고 나는 대사를 구할 것이며, 다른 사람의 말에 미혹되는 일이 절대 없을 것이라 부처와 하늘 앞에 맹세"하면서 신돈을 설득했고 마침내 신돈은 공민왕의 스승이 되어 정치 일선에 나섰다.

본격적으로 관직에 나아가기 전, 신돈이 가장 먼저 한 일은, 최영(崔瑩)을 필두로 한 무장세력과 공신들의 숙청이었다. 1365년(공민왕 14) 신돈은 최영을 계림윤으로 좌천시켰으며 이어 이구수(李龜壽), 양백익(梁伯益), 박춘(朴椿) 등을 유배보냈다. 한편 공민왕 14년 비록 유배는 면했으나 국정에서 배제된 인물도 있었는데, 이공수(李公遂), 경천흥(慶千興), 이수산(李壽山), 송경(宋卿), 원송수(元松壽) 등이 면직되었다. 신돈에 의해 제거된 인물들은 무장세력, 일부 세족가문, 연저수종공신들이었다. 이들은 신돈이 등용되기 이전 고려정국을 주도하던 주요한 세력들이었다는 점에서, 신돈의 정치는 기존 정치세력들의 배제로부터 출발했다고 볼 수 있다.

개혁의 선두에서

공신세력에 대한 대대적인 숙청 이후 신돈은 1365년(공민왕 14) 12월 영도첨의(領都僉議)에 임명되어 명실상부한 고려 최고의 권력자가 되었다. 이후 신돈은 본격적인 개혁을 시도하였는데, 신돈집권기 가장 중요한 개혁은 전민추정도감(田民推整都監)의 설치와 성균관 중영이다.

신돈은 임박(林樸)의 건의를 수용하여, 형인추정도감(刑人推整都監)을 개편하여 1366년(공민왕 15) 5월 전민추정도감(田民推整都監)을 설치하였다. 신돈이 전민추정도감을 설치한 것은 한편으로는 홍건적 침입과 권세가들의 탈점으로 악화된 민심을 수습하고 다른 한편으로는 백관들을 규찰하여 그들을 제어할 수 있는 기구가 필요했기 때문이었다. 특히 기성관료들로부터 지원을 받지 못한 채 오로지 공민왕의 지원만으로 권력을 유지하고 있던 신돈으로서는 민들의 지지가 대단히 중요했던 것으로 보인다. 이 때문일까? 신돈은 민들의 지원을 얻기 위해 문수회를 매년 개최하여 법회를 통해 민들의 마음을 사로잡으려 했다.

신돈집권기 개혁이 이룬 성과 가운데 가장 주목되는 것은 성균관(成均館)의 중영이다. 공민왕은 성균관을 새롭게 중건하고 널리 문사들을 모아 정치를 일신하려고 했고 신돈 역시 공민왕의 뜻을 받들어 성균관 중영에 온 힘을 쏟았다. 신돈은 성균관의 규모가 크다는 주변의 만류를 뿌리치며 "공자는

온 천하의 스승인데 비용을 줄이려고 예전보다 규모를 축소할 수 없음"을 선언하며 성균관의 중영에 관심을 보였다.

성균관이 중영된 이후, 이색(李穡), 박의중(朴宜中), 김구용(金九容), 정몽주(鄭夢周), 박상충(朴尚衷) 등은 후학의 양성에 힘을 쏟았고 이 때 성균관에서 성리학을 익힌 이들은 우왕 대 후반 정치개혁에 적극적으로 가담하였으며 그 가운데 상당수는 조선건국의 주역이 되었다.

허무한 실각과 죽음

무소불위의 권력자 신돈의 몰락은 신속하고도 허무했다. 1371년(공민왕 20) 신돈의 문객 선부의랑(選部議郎) 이인(李靭)은 한밤 미복 차림으로 재상 김속명(金續命)의 집에 신돈의 역모를 고하는 투서를 던지고 달아났다. 김속명은 즉각 공민왕에게 보고하였고 그날로 순위부에서 신돈의 당여들에 대한 대대적인 검거와 조사가 실시되었다. 신돈이 광종의 능인 헌릉(憲陵)과 문종의 능인 경릉(景陵)을 참배하고 돌아오는 왕을 시해하려 했다는 말이 나오자, 신돈은 수원으로 유배되었고 뒤이어 도평의사사와 문하성에서 신돈의 처형을 주청했다. 공민왕은 기다렸다는 듯이 "법은 천하만세의 공의(公義)로 내가 사사로이 어쩌지 못할 바이니 건의하는 대로 시행하라"며 신돈의 처형을 윤허했다.

'부처와 하늘에 맹세'하면서 신돈에 대한 신뢰를 표한 공민왕은 왜 갑작스레 신돈을 처형했을까? 공민왕과 신돈의 관계는 1370년(공민왕 17) 노국공주의 영전(影殿-공주의 초상을 모셔둔 전각)를 계기로 악화되기 시작했다. 신돈이 영전 공사의 중지를 건의하자 공민왕은 그 의견을 따랐지만, 공민왕은 불편함을 숨기지 않았다. 하지만 영전 공사는 현상에 불과했다. 명나라로부터 온 국서에 신돈의 권력집중을 견제하는 내용이 담긴 이후, 공민왕은 직접 정사를 살피려는 의지를 피력하였으나, 신돈은 오히려 그런 공민왕을 견제했다. 왕의 친정을 요구하는 이첨(李詹)의 상소에 따라, 공민왕은 한달에 6일은 보평청에 나와 정무를 보려 하였으나, 신돈은 매달 6일과 26일 양일만 정무를 보도록 주장했다. 보기에 따라서는 신돈이 공민왕의 친정을 막아선 것이다. 신돈 권력의 비대화는 곳곳에서 확인되었다. 전라도 체복사 최용소(崔龍蘇)가 개경으로 돌아온 뒤, 먼저 신돈을 만나고 나서 왕에게 복명하였고, 권적(權適)은 신돈을 위한 잔치에 화려하기 그지없는 화산대(火山臺)를 설치해 주었다.

"비록 자신의 복심이라 하더라도 권력이 강대해지면 반드시 꺼려 죽여 온" 공민왕으로서는 신돈 권력의 극대화를 좌시할 수 없었다. 그 결과가 기괴한 역모사건과 갑작스런 신돈의 처형이었다. 따라서 신돈의 처형은 공민왕의 의지였다. 당시 공민왕은 "이부와 헌사에서 신돈의 일파인 기현을 멸족시키라는 건의가 있자 문하성과 중방에서는 왜 소를 올리지 않느냐고 다그치기"까지 하며 신돈의 처형에 적극적이었다.

| 신돈의 어머니가 노비로 있었다고 전하는 옥천사지(경남 창녕)

신돈 처형의 정치적 귀결

공민왕에 의한 신돈의 갑작스런 처형은 결국 신돈 역시 공민왕의 '측근'으로 공민왕의 힘에 의지해 자신의 권력을 유지하고 있었음을 단적으로 보여주는 사건이다. 신돈이 처형

된 이후 고려의 조정은 새롭게 재편되었다. 신돈집권기 권력을 장악한 이춘부(李春富) 등은 실각되고 신돈에 의해 권력에서 밀려났던 옛 공신들이 복귀했다. 한편 또 다른 변화도 있었다. 무장세력의 영향력은 더욱 강해졌으며, 성리학을 겸비한 관료들의 목소리도 커졌다. 이러한 상황은 신돈 처형 후 단행된 인사에서 단적으로 드러난다. 공민왕은 윤환(尹桓)을 문하시중으로, 한방언(韓方信)을 찬성사로, 이색(李穡)을 정당문학으로, 이성계(李成桂)를 지문하부사로 각각 임명했다. 윤환과 이성계는 무장세력이었고, 한방신과 이색은 성리학으로 이름이 높았던 관료들이다.

성리학적 소양을 갖춘 관료들이 모두 한목소리를 낸 것은 아니지만, 그들은 일찍부터 신돈의 집권에 비판적이었다. 이제현(李齊賢)은 신돈이 단정한 사람이 아니어서 반드시 뒷날 근심거리가 될 것이라고 말했으며, 이존오(李存吾)와 정추(鄭樞)는 신돈을 탄핵하다 폄출된 바 있다. 신돈에 대한 성리학자들의 적대감은 신돈 처형 2개월 뒤, 공민왕에게 바친 성균관의 생원들과 12학도의 생도들의 가요에서 단적으로 드러난다. "저희들이 삼가 보건대 주상전하께오서는 오랫동안 악행을 저질러온 자들을 제거함으로써 국가의 기강을 바로 잡으신 후, 길일을 택해 친히 태묘에 고하는 의례를 행하시니 이제 모든 제도와 문물이 원래 모습을 찾게 되었습니다."

성리학자들은 한미한 신돈이 왕의 총애로 갑작스레 권력의 중심에 오른 것을 용납하기 어려웠다. 그들에게 신돈은 이전 선배들이 그토록 비판해온 '측근정치'의 절정이었다. 성리학자들이 보기에 신돈은 과거도 거치지 않았으며, 관료로서 능력도 검증되지 않았지만, 국왕에 의해 단숨에 영도첨의에 임명되었다. 이것이 가능했던 것은 충렬왕 이래 지속된 측근정치의 전통 때문이었다. 이처럼 국왕의 측근이라는 이유로, 단숨에 고위직에 오르고 그 지위를 이용해 막대한 부를 쌓을 수 있는 정치의 구조화는 성리학자들에게는 절망적 상황이었다. 신돈은 이런 측근정치의 절정이었다. 왕을 연저에서 호종한 공신도 아니고, 그렇다고 전공을 세운 것도 아니며, 문학적 재능을 가진 것도 아니었다. 승려였던 그가 갑자기 영도첨의에 임명된 것은 오랜 공부를 통해 과거를 준비하고, 과거에 급제한 이후에도 여러 관직을 거치며 능력을 검증받아야 했던 문신관료 혹은 성리학자들에게는 수용하기 어려운 정치형태였을 것이다. 무엇보다 성리학자들은 '승려' 신돈이 고려의 수장 자리에 앉아 있는 것을 용납할 수 없었을 것이다.

신돈 실각 이후 성리학적 소양을 갖춘 관료들을 필두로, 관료들은 본격적으로 측근정치의 폐지를 요구했고, 결국 공민왕의 사망과 더불어 막강한 국왕의 권력에 근거한 측근정치는 종식되었다. 그러나 측근정치의 종식은 아이러니하게도 권신(權臣)들의 시대로 이어졌고 성리학자들이 기대한 정치는 여전히 요원했다.

공민왕에 의해 추진된 신돈의 등용과 실각은 공민왕대 정치의 민낯을 여지없이 보여준다. 비록 신돈이 민들의 지지

를 바탕으로 개혁을 추진하였으나 신돈의 개혁은 언제나 공
민왕의 그림자 아래 있었다. 성리학자들은 신돈집권기 정치
를 측근정치의 파행적 형태로 간주했고, 때문에 조선을 건
국한 뒤에도 고려를 망친 핵심적 인물로 신돈을 지목했다.
이 때문에 신돈은 한편에서는 민의 입장에선 개혁가로 다른
한편에서는 요망한 승려로 역사에 기록되었던 것이다.

| 신돈을 재조명하기 위한 한국중세사학회 학술대회(2017.11)

참고문헌

『고려사』.
신은제, 「공민왕의 신돈 등용의 배경」, 『역사와 경계』 91 2014.
신은제, 「신돈집권기의 정치와 그 의미」, 『한국중세사연구』 53, 2018.
김창현, 『신돈과 그의 시대』, 푸른역사, 2006.
창원대학교 경남학연구센터, 『신돈과 옥천사지』, 창녕군·창원대학교
　　경남학연구센터, 2014.

VIII

왕도 지키고 지역도 살리고

네 차례 일등공신에 책봉된 목인길(睦仁吉)_최연주
왕권 확립을 위해 공민왕과 우왕을 섬겼던 김유(金庾)_최연주
고려판 노블레스 오블리주의 실천, 윤환(尹桓)_김광철
가장 먼저 원나라에 맞선 고려의 관리,
정지상(鄭之祥)_신은제

Ⅷ. 왕도 지키고 지역도 살리고

네 차례 일등공신에 책봉된 목인길(睦仁吉)_최연주

목인길은 지금의 경남 사천 사람이다. 『세종실록지리지』
와『신증동국여지승람』의 성씨조에 사천의 토성(土姓)으로 이
(李)·황(黃)·오(吳)·목(睦)이 기록되어 있어 지역 토착세력이
었음을 알 수 있다. 그의 출생과 관직 진출에 대해서는 사료
가 미비하여 구체적으로 알 수 없다. 공민왕과 우왕 때 중랑
장(中郎將), 대호군(大護軍), 첨의평리(僉議評理), 찬성사(贊成
事), 문하찬성사(門下贊成事) 등을 역임하였다.

공민왕의 신임이 두터웠던 목인길

고려 후기 대표적인 반원(反元) 개혁 군주였던 공민왕은
12살의 어린 나이로 원나라 연경에 볼모로 갔다. 목인길은
공민왕이 10년 동안 연경에 있을 때 중랑장으로서 왕을 호
위하고 뒤따랐다. 공민왕의 부친은 충숙왕이며, 모친 명덕
태후(明德太后) 홍씨(洪氏)는 원나라 공주가 아닌 고려 여성이
었다. 충숙왕이 즉위하자 간택되어 궁에 들어가 덕비(德妃)
로 책봉되었다. 충혜왕과는 동복(同腹) 형제이다. 충숙왕 즉
위년(1330)에 태어난 공민왕은 전례에 따라 원나라 연경에
볼모로 갔다. 12살 때인 충혜왕 후 2년(1341)에 연경에 가
서, 조카인 충정왕이 폐위되고 21살에 왕위를 계승하여 귀

국할 때까지 약 10년 동안 살았다. 연경에 있을 때 두 차례의 왕위계승에서 실패하였으나, 21살 때 원나라 종실 위왕(魏王)의 딸 부다시리[寶塔失里]와 혼인한 후 왕위를 이어 받았다.

공민왕 원년(1351) 6월 연저(燕邸) 수종 공신(隨從功臣)을 녹훈(錄勳)할 때 목인길은 평해 부원군(平海府院君) 손기(孫琦), 판삼사사(判三司事) 이몽가(李蒙哥), 전 찬성사(贊成事) 조익청(曹益淸) 등과 함께 일등 공신에 책봉되었다. 당시 찬성사 조일신(趙日新), 첨의 평리(僉議評理) 김보(金普) 등은 일등 상(上) 공신으로 책봉되기도 하였다. 이어 공민왕의 신임을 얻어 병부상서가 되었다.

한편 공민왕은 즉위 직후 몽골식 변발과 호복을 폐지하고 정방을 혁파하는 등 반원개혁 정책을 실시하여 국왕권을 강화하였다. 이 때 개혁정치는 연저(燕邸) 수종 공신(隨從功臣)과 이제현세력이 지지세력으로 뒷받침되었다. 그러나 당시 원나라 기황후(奇皇后)의 동생 기철(奇轍)·기원(奇轅)·기주(奇輈) 등이 누이 세도를 믿고 횡포를 일삼아 공민왕이 정국을 주도하기에 어려운 상황이었다. 이 때 연저 수종공신으로 일등 상으로 책봉된 조일신이 난을 일으켰다. 이는 부원세력 간의 주도권을 둘러싸고 일어난 난으로 진압 이후 기씨 일파의 영향력은 점차 확대되었으나, 곧 원나라의 쇠퇴와 함께 이들의 영향력도 쇠퇴할 수밖에 없었다. 공민왕은 원나라로부터 자주권을 회복하기 위해 5년(1356) 5월에 반원개혁을 단행하고, 대표적인 부원세력인 기씨 일파를 숙청하고자 하였다. 왕은 대신들을 위한 연회를 베푼다고 속여 기철 일파를 궁궐로 불러들였다. 당시 대호군(大護軍)이던 목 인길은 밀직(密直) 강중경(姜仲卿)·이몽고대(李蒙古大) 등과 함께 왕의 명을 받아 군사를 매복시켜 두었다. 기철이 도착하자 불시에 철퇴로 내리쳐 죽였고, 피해 달아나는 권겸을 쫓아가 자문(紫門)에서 죽이니 피가 낭자하였다. 왕의 계책을 전혀 모르고 있던 기철과 권겸(權謙)은 궁궐에서 철퇴에 맞아 죽었으며, 노책(盧頙)은 집에서 체포되어 죽임을 당했다. 이어서 그의 아들들이 줄줄이 처형되면서 부원세력은 일망타진되었다. 이 숙청을 병신년(丙申年)의 재앙이라고 한다.

공신이 되다

공민왕은 8년 6월에 기철을 죽인 공신들을 결정하였다. 남양후(南陽侯) 홍언박(洪彦博), 참정상의(参政商議) 경천흥(慶千興), 상장군(上將軍) 목인길 등 총 8명이 일등 공신이 되었고, 총 19명이 주기철공신(誅奇轍功臣)으로 책봉되었다. 일등 공신은 부(父)·모(母)·처(妻)가 봉작(封爵)을 받고 자손들이 음서의 혜택을 받은 동시에 토지와 노비를 하사받았다.

한편 원나라 말기에 하북성 일대에서 일어난 한족(漢族) 반란군의 하나인 홍건적은 공민왕 4년(1355)에 국호를 송(宋)이라 하고 세력을 확장하였다. 홍건적 일부가 요동을 점령하였다가 원나라 군대에게 쫓기어 두 차례 고려로 침입하였다. 공민왕 8년에 4만의 무리를 이끌고 결빙된 압록강을 건너 의주(義州)·정주(靜州)·인주(麟州)·철주(鐵州) 등을 거쳐 서경(西京, 지금의 평양)을 함락시켰다. 편장(偏將) 이방실(李芳實), 안주만호(安州萬戶) 안우(安佑) 등이 이끄는 고려군의 반격으로 300여명 정도만 압록강을 건너 달아났다. 공민왕 10년(1361) 10월에 10여만 명의 홍건적이 압록강 결빙을 이용하여 또다시 침입하였다. 홍건적이 개경으로 진군한다는 보고가 있자 공민왕은 남으로 난을 피하고, 도지휘사 이방실, 상원수 안우 등이 맞서 싸웠으나 개경은 함락되었다. 이어 홍건적은 원주(原州)·안주(安州) 등지까지 쳐들어 왔다. 12월 복주(福州, 지금의 경북 안동)에 도착한 공민왕은 정세운(鄭世雲)을 총병관(摠兵官)으로 임명하여 홍건적 토벌의 명을 내렸다. 이듬해 1월 총병관 정세운은 이방실·안우·김득배 등 원수(元帥) 들과 함께 홍건적을 크게 무찔렀는데, 당시 이성계(李成桂)는 그 휘하 병사 2,000명을 이끌고 맹렬히 공격하여 제일 먼저 적을 격파하였다. 이어 우두머리 사유(沙劉) 관선생(關先生) 등을 목 베었다. 곧 개경이 수복되었다.

복주에서 개경으로 돌아온 공민왕은 성 남쪽에 있는 흥왕사(興王寺)의 행궁(行宮)에 거처하고 있었다. 이때 김용(金鏞)은 평소에 사이가 나쁜 정세운의 공을 시기한 나머지 왕지(王旨)를 위조하여 안우·이방실·김득배로 하여금 정세운을 죽이게 하고 그 죄를 뒤집어씌워 모두 죽였다. 그리고 윤3월 1일 밤에 행궁을 침범하여 왕을 죽이고자 하였으나, 왕은 피신하였다. 환관 안도치(安都赤)의 모습이 왕과 같았으므로 오인되어 피살당했다. 이 소식을 듣고 최영(崔瑩) 등이 우제(禹碑)·안우경(安遇慶)·김장수(金長壽) 등과 함께 군사를 거느리고 와 김용 무리를 모두 죽였다. 이를 흥왕사의 변이라고 한다. 이 때 공민왕이 "사람들이 목인길·우제(禹磾)가 어리석다고 하지만 두 사람이 있었다면 반드시 피난하지는 않았을 것이다."고 하고, 고향으로 귀향보낸 목인길을 돌아오게 하였다.

공민왕은 3월에 복주로 몽진할 때 호종한 공신을 책봉하였는데, 이미 죽은 우정승(右政丞) 홍언박(洪彦博), 증 정승(贈政丞) 정세운(鄭世雲)을 비롯하여 철성 부원군(鐵城府院君) 이암(李嵒) 등과 사성군(泗城君) 목인길 등을 일등 공신으로 삼았다. 그리고 11월에 홍건적을 격퇴시킨 공훈으로 경천흥(慶千興), 송경(宋卿), 안우경(安遇慶) 등과 함께 목인길 등을 일등 공신으로 삼았다. 벽상(壁上)에 그의 얼굴을 그리게 하고, 부(父)·모(母)·처(妻)는 3등을 뛰어 봉작하고, 그 아들 한 사람에게 7품 벼슬을 주고 만약 아들이 없으면 누이의 아들 또는 사위 한 사람에게 8품을 주었다. 또 자손은 음서의 혜택을 주고 전(田) 100결, 노비 10구(口)를 하사하였다.

부침이 많았던 관직 생활

목인길은 공민왕을 가까이 보좌하면서 네 차례 일등공신에 책봉된 점으로 미루어 보아, 공민왕과 함께 생사고락을 같이 한 무인이었다. 공민왕 14년에는 유탁(柳濯)·이인임(李仁任)이 도당의 모든 정사를 맡고, 김난·임군보·목인길이 궁중의 모든 사무를 맡아 보도록 왕이 직접 명령을 내릴 정도로 신임이 두터웠다. 하지만 관료들의 상소와 무고 등으로 여러 차례 유배되었다. 공민왕 11년 간관 전록생(田祿生) 등의 상소로 고향인 사천(泗川)으로 귀향을 갔다. 15년(1366)에는 평소 서로에게 감정이 많았던 신돈과 불화로 전주(全州)로, 16년에는 오인택과 함께 신돈을 제거하려고 모의하다 누설되어 곤장을 맞고 청주(淸州)로 유배를 갔다. 우왕 2년 (1376)에는 대사헌 우현보 등이 목인길이 몰래 다른 뜻을 품었다고 모함하여 탄핵하자 관직을 삭탈하고 집을 빼앗아 귀양보냈다.

그가 사간(司諫)과 신료들로부터 상소와 무고를 자주 받았고 신돈과는 사이좋지 않았는데, 당시 정치 상황과 연관해 보면 그는 진중(鎭重)한 성품의 소유자가 아닌 것 같다. 『고려사』와 『고려사절요』 등 사서에 그는 왕의 총애만 믿고 거만하고, 어리석으며 포악한 행동을 하는 인물로 묘사하고 있는 것에서 유추해 볼 수 있다.

공민왕으로부터 두터운 신임을 받았으나, 노국대장공주가 죽고 신돈에게 전권을 위임한 이후에는 그의 관직 생활은 부침이 많았다. 그의 정치 활동을 살펴보면 순탄치 않은 삶을 살았다고 할 수 있다.

참고문헌

『고려사』, 『고려사절요』, 『세종실록지리지』, 『신증동국여지승람』.
김당택, 『원간섭기의 고려정치사』, 일조각, 1998.
한국중세사학회 편 『21세기에 다시 보는 고려시대의 역사』, 혜안, 2018.
민현구, 「고려 공민왕의 반원적 개혁정치에 대한 일고찰」, 『진단학보』

68, 1989.

홍영의, 「공민왕 초기 개혁정치와 정치세력의 추이」하, 『사학연구』 42, 1990.

김광철, 「권문세족과 신진사대부」, 『한국사』 19, 1996.

왕권 확립을 위해 공민왕과 우왕을 섬겼던 김유(金庾)

_최연주

김유(金庾)의 본관은 김해(金海)이다. 그가 사서(史書)에 처음 등장한 것은 공민왕 11년 8월 강릉도병마사(江陵道兵馬使)가 되면서부터이다. 그래서 그의 출생과 관료로 진출한 경위에 대해서는 별도로 전하지 않아 알 수가 없다. 공민왕 11년(1362) 8월 강릉도병마사로 임명된 것은 홍건적의 침입과 깊은 연관이 있다.

공민왕의 왕위를 지키다

공민왕 10년 10월에 10여만 명의 홍건적이 압록강의 결빙을 이용하여 고려에 침입하였다. 공민왕은 지금의 안동으로 피난하였고, 도지휘사(都指揮使) 이방실, 상원수 안우 등이 맞서 싸웠으나 개경은 함락되었다. 이듬해 1월 총병관 정세운을 비롯하여 이방실·안우·김득배 등이 홍건적과 맞서 싸웠다. 홍건적의 우두머리 사유(沙劉) 관선생(關先生) 목을 벤 이성계(李成桂)의 활약으로 개경이 수복되었다. 개경으로 돌아온 공민왕은 흥왕사(興王寺)의 행궁(行宮)에 거처하였는데, 김용(金鏞)은 평소에 사이가 나쁜 정세운의 공을 시기하였다. 이에 왕의 교지(敎旨)를 위조하여 안우·이방실·김득배로 하여금 정세운을 죽이게 하고 그 죄를 뒤집어씌워 모두 죽였다. 그리고 밤에 행궁을 침범하여 왕을 죽이고자 하였으나, 왕은 피신하였고 환관 안도치(安都赤)의 모습이 왕

169

과 같았으므로 오인되어 피살당했다. 이 소식을 듣고 최영(崔瑩) 등이 궁성에서 군사를 끌고 와 김용 무리를 섬멸하였다. 곧 공민왕은 홍건적을 평정하고 개경을 수복한 공을 기록하여 김유를 2등으로 삼았고, 공민왕 12년 윤3월에 흥왕사에서 토적(討賊)한 공(功)을 기록하여 1등으로 삼았다. 그는 상호군(上護軍)으로 승진해 있었다.

한편 홍건적의 침입 이후 고려가 정치적으로 혼란한 틈을 타 원나라는 충선왕의 아들 덕흥군(德興君) 타스테무르(塔思帖木兒)를 왕으로 세우고자 하는 시도가 있었다. 당시 공민왕이 기철(奇轍)을 죽이자 기황후가 공민왕을 원망하였는데 때마침 최유(崔濡)가 원나라에 있으면서 불만을 품은 무리들과 함께 황후를 설득하였다. 공민왕 11년에 원나라 순제(順帝)가 반원정책을 추진하던 공민왕을 폐위시키고 덕흥군을 고려 국왕으로 삼자, 원나라에 와 있던 고려 관료들에게 관직을 제수하고 요양의 군사 1만을 이끌고 이듬해 고려로 진격하였다. 이 때 공민왕은 최영을 도순위사(都巡慰使)로 임명하고 정예 군사를 거느리고 가 달천(獺川, 지금의 평안북도 정주)에서 격퇴시켰다. 이 때 원나라에 있던 김유는 덕흥군을 왕으로 세우려 하는 것을 결사적으로 반대하였다. 공민왕은 그가 돌아오자 밀직 부사로 임명하고 추성익조공신(推誠翊祚功臣)의 호를 내려주었다.

우왕의 왕권 강화에 힘을 보태다

김유는 우왕 때 판개성(判開城)으로 임명되었고 김해군(金

海君)으로 봉해졌다. 우왕 5년(1379) 당시 집권세력이었던 이인임(李仁任)·경복흥(慶復興)·최영(崔瑩) 등은 우왕의 유모 장씨(張氏)와 그 후원세력들을 제거하였다. 장씨는 광주목(廣州牧)의 지평현(砥平縣, 지금의 경기도 양평군 지제면 지평) 출신으로 김횡(金鋐)이 신돈(辛旽)에게 바친 시비(侍婢)이었다. 우왕은 재위 초기 장씨를 매개로 측근세력을 육성하였고 당시 집정자 가운데 한 인물이던 지윤(池奫)을 자신의 후원세력으로 끌어들이기도 하였다. 우왕은 유모 장씨에게 토지 100결과 노비 10구를 내려주고, 그의 고향인 지평현에 감무(監務)를 설치하였다. 그녀를 어머니라고 부르기도 하는 등 각별히 대우하였다. 하지만 이인임 등에 의해 장씨는 유배되고 이듬해 죽임을 당하였다. 이 사건에 연루되어 죽임을 당하거나 유배된 인물은 정당문학(政堂文學) 허완(許完), 동지밀직(同知密直) 윤방안(尹邦晏)·강유권(康有權)·원순(元順)·원보(元甫), 문하평리(門下評理) 김유(金庾), 그리고 장씨가 기른 양녀의 사위인 상호군(上護軍) 손원미(孫元美)와 그의 형인 지춘주사(知春州事) 손원적(孫元迪) 등이었다. 강유권·원순·원보 등은 장씨의 족당으로 분류되지만, 김유는 최영을 비판해 유배되었다. 이 때 김유가 최영에게 말하기를, "신하로써 임금에게 항거하는 것은 옳지 못한 것이 아니겠습니까?"라고 하자, 최영이 노하여 우왕에게 아뢰어 그를 옥에 가두었다가 합포(合浦, 지금의 경상남도 창원시)로 귀양보냈던 것이다. 우왕은 유모 장씨의 사건을 계기로 자신의 왕권강화 노력이 좌절되자, 정국운영에 대한 의욕을 상실하고 방탕한 모습을 보이기 시작하였다.

김유는 우왕 8년(1382) 찬성사(贊成事)로 승진하였고, 그후 이자용(李子庸)·홍상재(洪尙載) 등과 사신이 되어 명나라 수도에 갔다. 당시 고려에서 중국에 갈 때 요동(遼東)을 경유하여 갔는데 장기간 소요되었다. 김유 등은 시일 안에 도착하고자 배를 타고 서해를 건너갔다. 정해진 날짜에 도착하지 못하자 명나라 황제가 김유 등이 늦은 것에 대해 질책하였다. 그러면서 '공민왕이 죽은 이후 정권을 마음대로 하는 자가 누구냐'고 묻자, 김유는 '정권을 마음대로 하는 자는 이인임'이라 대답하였다. 그러나 황제는 김유·이자용·홍상재 등이 사명(使命)을 띠고 지체한 것과 임금을 시해하고, 사신을 살해한 연유를 엄중히 국문한 직후 대리(大理, 중국 운남성)로 귀양보냈다. 당시 명나라는 우왕 5년(1379) 3월에 양국 간의 관계를 재개하면서 3가지를 요구하였는데, 그 중에서 세공물을 둘러싼 외교적 갈등은 지속되고 있었다. 양국의 관계가 악화된 상태에서 5년 간의 세공이 약속과 달랐다고 하여 사신을 곤장 때리고 먼 곳으로 유배를 보낸 것이다. 한편 고려는 사신을 보내어 성절(聖節)을 축하해야 하는데, 모두 가기를 꺼려하며 피하려 하였다. 사신으로 추천받은 정몽주(鄭夢周)는 직접 우왕을 만나, 특별한 부탁을 받고 모두가 기피하는 성절사행(聖節使行)을 수행하기로 하였다. 우왕 10년 명나라에 도착한 정몽주는 성절일에 맞춰 표문을 올렸다. 그리고 정몽주가 예전에 배가 부셔졌던 상황을 모두 진술하니 황제는 특별히 위로하고, 예부에서 예를 더욱 두

터이 하여 보내도록 명하였다. 마침내 홍상재 등을 석방하여 돌려보내면서 다시 조빙(朝聘)을 통할 수 있도록 허락하였다. 이에 우왕 11년 4월 김유·홍상재·주겸(周謙) 등이 고려로 돌아왔다. 우왕이 김유 등을 불러들여 술을 주며 위로하기를 "그대들이 중국 조정에 사신으로 갔다가 아주 먼 곳으로 귀양갔다가 2만 8천여 리를 걸어 3년 만에야 살아 돌아왔으니 내가 너무나 민망하다."고 하고 각각 안장 얹은 말을 내려주었다.

이인임에게 밉보인 김유의 최후

명나라에 돌아온 김유는 얼마 지나지 않아 유배를 가게 되었다. 이인임은 김유가 명나라에서 한 발언을 문제 삼아 우왕에게 아뢰어 찬성사 우현보·밀직 강회백에게 국문하게 하고 그를 청주(淸州)로 유배보낸 것이다. 당시 사람들은 "김유가 돌아올 때 좋은 비단들을 많이 가지고 와서도 이인임에게 뇌물로 주지 않기 때문에 죄를 받았지만, 홍상재는 바다에서 왜구를 만나 주머니가 텅 비었기 때문에 화를 면하였다."고 생각할 정도로 이인임의 처사를 비판하였다. 우왕 12년(1386) 이인임은 김유를 다시 하옥하여 곤장을 치고 순천부(順天府)로 유배하고 그 집을 몰수하였다. 압송하는 관리에게 닷새 안에 데리고 갔다 오라고 하였는데, 도중에 김유는 경천역(敬天驛)에서 사망하고 말았다.

김유는 공민왕과 우왕을 섬기면서 왕권 강화를 위해 다방면으로 노력하였다. 그는 홍건적의 침입과 흥왕사의 변이 일어났을 때 공민왕을 보좌하였고, 또 원나라에서 공민왕을 대신하여 덕흥군을 왕으로 옹립하려 할 때 결사 반대하였다. 홍건적을 평정하고 개경을 수복한 공으로 2등 공신, 흥왕사(興王寺)에서 토적(討賊)한 공(功)으로 1등 공신이 되었다. 특히 덕흥군 옹립을 반대한 공으로 추성익조공신(推誠翊祚功臣)의 호를 받았다. 우왕 때에는 이인임·경복흥·최영 등이 유모 장씨를 제거할 때에도 최영에게 따지는 등 우왕 편을 들었다. 우왕 8년 명나라 사신으로 갔다가 억류되어 3년 만에 귀국하였다. 그렇지만 이인임은 어떤 이유인지 잘 알 수 없지만 김유를 밉게 보았다. 공민왕과 우왕을 섬기면서 왕권을 확립하는데 노력하였던 김유는 이인임에 의해 허망하게 죽음을 맞이하였다.

참고문헌

『고려사』, 『고려사절요』.
민현구, 「고려 공민왕의 즉위배경」, 『한우근박사정년기념사학논총』, 1981.
박한남, 「고려왕조 멸망의 배경」, 『한국사』 19, 국사편찬위원회, 1996.

고려판 노블레스 오블리주의 실천, 윤환(尹桓) _김광철

원암의 연회에 모인 일곱 원로 중에	/ 七老元巖會
하늘이 남겨 두신 우리 두 분 시중	/ 天留兩侍中
그림 속 모습도 말씀을 나누실 듯한데	/ 肖形如欲語
지금 또한 손 잡고 매번 서로 만나시네	/ 握手每相逢
임금님 연모하는 간절한 그 충성심과	/ 戀主忠誠切
시대를 바로잡은 풍요로운 그 덕업을	/ 匡時德業豐
졸문으로 어떻게 죄다 묘사했으랴만	/ 拙文描不盡
빛나는 그 풍채는 끝없이 전해지시리라	/ 風采耀無窮

칠원 윤씨와 윤환의 가계

목은 이색은 충청도 보은현의 원암에서 개최된 잔치 자리에 초청되어 가서, 이 잔치를 주관한 곡성부원군(曲城府院君) 염제신(廉悌臣)과 칠원부원군(漆原府院君) 윤환(尹桓)을 이렇게 칭송하여마지 않았다. '간절한 충성심', '시대를 바로잡은 풍요로운 덕업', '빛나는 풍채'. 이것이 수상직 시중을 역임했던 염제신과 윤환에 대한 이색의 평가였다.

윤환(?~1387)은 칠원현(漆園縣, 지금의 경남 함안군 칠원읍) 출신이다. 윤환의 본관인 칠원현은 금주(金州, 지금의 경남 김해시)의 속읍이었다. 칠원현은 본래 신라의 칠토현(漆吐縣)으로, 경덕왕 때 이름을 칠제(漆隄)로 고치고, 의안군(義安郡, 지금의 경남 창원시)의 영현(領縣)으로 삼았다. 고려 초에 칠원현으로 이름을 바꾸었고, 현종 9년(1018)에 금주의 속현이 되었다. 공

175

양왕 2년(1390)이 되어서야 임시 지방관인 감무(監務)가 파견되었으며, 조선건국 후 현감이 파견되는 주읍으로서 위상을 지니게 되었다.

윤환의 칠원윤씨는 그 족보에서 윤시영(尹始榮)을 시조로 삼고, 윤거부(尹鉅富)를 중시조로 하여 윤환의 조부인 16세 윤수(尹秀)에 이르기까지 단계(單系)로 세계(世系)를 잇고 있다. 17세기 중반 조종운(趙從耘, 1607~1683)이 편찬한 통합보인 『씨족원류(氏族源流)』에서는 칠원윤씨의 시조를 호장 윤거보(尹居甫)로 설정하고, 윤거보의 아들이 중랑장 윤송재(尹松磾)이고, 윤송제의 아들이 윤수인 것으로 소개하고 있다. 그러나 『고려사』「폐행전」의 윤수 전기에는 그의 아버지가 윤양삼(尹養三)이라 기록하고 있으며, 그는 무뢰한 행동을 하다가 강도(江都)의 저자거리에서 처형당하였던 것으로 전하고 있다.

| 함안군 칠원면 유원리에 위치한 윤환 묘역

윤수는 임연(林衍)의 살해를 모의했다가 이를 누설한 바 있고, 뒤에 몽고에 투항하여 들어가 있다가 충렬왕이 세자시절 몽고에서 숙위할 때 매 사냥으로 친분을 맺어 고려로 돌아오게 되었다. 윤수는 충렬왕에게 발탁되어 응방(鷹坊)을 주관하는 등 그 측근세력으로 활동하면서 권력을 휘둘렀다. 그는 밀직부사 박부(朴垺)의 딸과 혼인하여 길손(吉孫)과 길보(吉甫) 두 아들과 딸 셋을 두었는데, 큰 딸은 함양박씨 박지량(朴之亮)의 아들 박종(朴琮)과 혼인했고, 둘째 딸은 김규(金紏)에게, 막내 딸은 찬성사를 역임한 진주유씨 유욱(柳栯)의 아들 유인무(柳仁茂)에게 시집갔다. 윤수의 장남 윤길손은 상호군의 벼슬을 지냈고, 지도첨의사사를 역임한 광주김씨 김주정(金周鼎)의 딸과 혼인하여 1남 2녀를 두었는데, 아들 윤안신(尹安信)은 판도판서를 역임했고, 장녀는 안동권씨 권중달(權仲達)에게, 차녀는 이심(李審)에게 시집갔다.

윤수의 차남 윤길보는 무반으로 진출하여 원종 11년 삼별초 항쟁이 발생했을 때 낭장의 신분으로 강화도 구포(仇浦)에서 삼별초의 남은 무리를 공격하여 전과를 올린 바 있다. 충선왕과 충숙왕대에 대장군, 상호군의 지위로 올라 원나라에 왕래하면서 매를 바치고 동녀와 환관을 보내는 일을 주관하였다. 원나라 인종의 황태자 시절에 친교를 맺어 동궁을 출입했고, 충선왕의 총애도 받았다. 충선왕 순비(順妃)의 딸로 황태자를 모시고 있던 바얀쿠투[伯顔忽篤]가 충선왕의 총애하던 숙비(淑妃)를 욕보이기 위해 원나라 수도로 불러들이려 했을 때, 윤길보가 태자에게 아뢰어 이를 중지시켜 충선왕의 걱정을 덜어주기도 했다.

윤길보는 슬하에 5남 2녀를 두었다. 장남이 윤환(尹桓)
이며, 차남이 윤자(尹樆), 3남이 윤장(尹樟), 4남이 윤화(尹
樺), 5남이 윤공(尹控)이다. 장녀는 김성리(金成理)와 혼인했
고, 차녀는 고선(高善)에게 시집갔다. 차남 윤자는 우부대언
을 역임했고, 4남 윤화는 인녕부 좌사윤을 역임했으며, 5
남 윤공은 공민왕대에 판종부시사를 역임하고 성절사로 명
나라에 다녀왔다.

충혜왕 측근세력이 되어, 공민왕때는 정승을 지내고

윤환이 우왕 12년(1386) 사망할 때 나이가 80여 세였다는
점을 감안하면 그가 출생한 시기는 충렬왕 30년(1304) 경이
었을 것으로 추정된다. 그는 충숙왕 15년(1328)년 7월에 호
군(護軍)의 벼슬로 원나라에 가서 모시와 종이를 바쳤던 사실
이 확인되는데, 이로 미루어 보아 윤환은 이 보다 훨씬 이른
시기에 무반으로 벼슬살이를 시작했을 것으로 보인다.

충숙왕 17년 1월 국왕의 전위에 따라 충혜왕이 즉위하자
윤환은 언론직인 대언(代言)으로 임명되어 충혜왕의 측근세
력으로 활동하였다. 이 때문에 윤환은 2년 뒤 충숙왕이 복
위했을 때에 전왕의 총애를 받았다는 이유로 숙청의 대상이
되었다. 복위하여 원나라에 머물고 있던 충숙왕은 1332년
(충숙왕 후 1년) 2월 그 측근세력인 민상정(閔祥正)과 조염휘(趙
炎輝)를 파견하여 충혜왕의 폐행(嬖幸)으로 지목된 정승 윤석
(尹碩)과 재상 손기(孫琦)·김지경(金之鏡), 상호군 배전(裵佺)·

178

오자순(吳子淳)·강서(康庶)·박련(朴連), 대언 이군해(李君侅)·
윤환(尹桓), 대호군 구천우(丘天祐), 호군 최안수(崔安壽)·김천
우(金天祐), 낭장 노영서(盧英瑞)를 순군(巡軍)에 가두게 하였
다.

이 때 윤환은 장형(杖刑)에 처해지고 직첩(職牒)을 회수당하
여 바닷섬으로 유배되었다가 탈출하여 원나라로 망명하였
다. 원나라에 연고가 있었을 가능성이 있으며, 지지했던 충
혜왕이 폐위된 후 원나라 수도로 돌아가 생활했기 때문에
원나라로 망명한 것으로 보인다.

윤환이 언제 다시 고려로 돌아왔는지 확실하지는 않다.
충숙왕 후 8년(1339) 4월 고려에서 활동하고 있는 것으로 보
아 이 시기에는 이미 고려에 들어와 있었다. 이 보다 3년 전
인 충숙왕 후 5년(1336) 12월에 원나라 서울에 머물던 충혜
왕이 고려로 돌아오는데, 윤환도 이때 충혜왕을 따라 고려
에 들어왔을 가능성이 높다.

고려로 돌아온 윤환은 조익청(曺益淸)과 함께 충혜왕의 측
근인 송팔랑(宋八郞)·홍장(洪莊) 등을 체포해 순군에 수감한
적이 있었다. 하지만 충숙왕 후 8년(1339) 5월, 홍장이 감정
을 품고 있다가 참소하여 윤환을 칠원으로 내쫓았다. 충혜
왕의 복위가 승인되고나서야 윤환은 동지밀직사사(同知密直
司事)가 되고 원나라로부터 행성원외랑(行省員外郞)이라는 관
직을 받았다.

윤환은 충혜왕이 복위하는 과정에서 발생한 조적(曺頔)의
난을 진압하는 데에도 충혜왕 측근세력으로써 공을 세웠다.

179

그래서 충혜왕 후 3년(1342) 6월 조적의 난 진압 공신을 책봉할 때 1등 공신에 올라 수성양절보리공신(輸誠亮節輔理功臣)이 되고, 찬성사로 승진하였으며, 원나라로부터 다시 행성낭중(行省郎中)의 벼슬을 받았다. 이듬해 강릉 교주도 도순문사(江陵交州道都巡問使)를 겸했으며, 충정왕 1년(1349) 8월 칠원 부원군(漆原府院君)에 봉해지고, 수성양절선력보리공신(輸誠亮節宣力保理功臣) 호를 받았다.

윤환은 공민왕 3년(1354) 다시 찬성사가 되고 판삼사사를 거쳐, 공민왕 5년 5월 부원세력인 기철(奇轍) 일당을 숙청한 후 좌정승으로 승진하였고, 그 해 7월 관제 개혁으로 수문하시중으로 고쳐 임명되었으나, 11월 죄를 지어 유배되었다. 공민왕 9년 칠원후(漆原侯)에 봉해졌다가 칠원백(漆原伯)으로 고쳐 봉해졌고, 14년(1365) 동서북면 도통사(東西北面都統使)가 되었다. 공민왕 20년 신돈(辛旽)이 제거된 뒤 7월에 문하시중이 되었고, 8월에 감춘추관사(監春秋館事)를 겸임하고 추성병의동덕섭리익찬공신(推誠秉義同德燮理翊贊功臣)호를 받았으나, 이듬해 9월 파직되었다. 우왕 3년(1377) 북원에서 사신을 보내 그를 평장사(平章事)로 임명하였으며, 우왕 7년 다시 문하시중으로 삼았다. 곧이어 병으로 사직을 청하였으나 허락하지 않았다. 우왕 12년(1386) 4월 사망했는데 향년 여든 남짓이었다. 친아들은 없고 동생 윤장의 차자 지보(之輔)가 양자로 뒤를 이었다. 장녀는 의령남씨 남좌시(南左時)에게 시집갔고, 차녀는 이양수(李揚秀)와, 3녀는 김윤량(金允諒)과 혼인했다.

빈민 구제사업을 벌이다

윤환이 고위직 벼슬을 할 당시 공민왕대와 우왕대에는 민생문제가 심각한 상태였다. 두 차례에 걸친 홍건적의 침입과 계속되는 왜구의 침탈, 가뭄과 홍수가 이어지면서 흉년이 들어 기근으로 굶어죽는 사람들, 유망민이 그칠 줄 모르고 있었다. 충목왕 4년(1348) 4월에 개경에 크게 기근이 들고 전염병이 돌아 도로에는 굶주린 사람들이 줄을 이었다. 공민왕 3년 4월에는 기근으로 쌀값이 폭등했고, 9년 4월에는 경상도와 전라도에 기근이 들어 죽은 자가 반이 넘었고, 길에 버려진 자들은 이루 다 헤아릴 수가 없을 정도였다.

우왕대에도 기근의 발생은 여전했다. 우왕 3년에는 기근이 들어 토목공사를 중지했으며, 우왕 7년 3월에는 전라도의 백성들이 많이 굶어 죽었으며, 수졸(戍卒)과 인민(人民)들이 모두 도망치고 흩어진 것이 절반이 넘었다. 이 해 5월에는 경상도 고령군(高靈郡)에 기근이 들어, 버려진 아이가 길에 가득하였으며 굶어죽는 사람이 셀 수 없이 많았다. 당시 기근으로 말미암은 민생문제의 심각성은 박의중과 윤소종의 다음과 같은 발언이 잘 말해주고 있다.

　○ 근년 이래 왜적(倭賊)이 날로 성하여 깊숙이 침입해 들어와 민을 죽이고 노략질하며 집을 불태워 무너뜨리니 주군(州郡)은 피폐해지고 농토는 황폐해졌습니다. 게다가 홍수와 가뭄으로 기근이 거듭 일어나 굶어죽는 자가 속출하고 창고가 비어서 비용도 부족합니다."(『고려사』 권112, 열전25, 박의중전)

○ 기해년(공민왕 8, 1359)과 신축년(공민왕 10) 홍건적의 난리 통에 우리 백성이 절반이나 죽었으며 그 후 3년이 못되어 다시 계묘년(공민왕 12) 홍왕사의 난리에는 죽은 사람이 신축년의 배나 되었습니다. 또 기해년으로부터 지금까지 15년 사이에 물난리와 가뭄이 번갈아 이어져 굶어 죽은 사람들이 줄을 지었으니 백성 가운데 살아남은 사람들은 겨우 열에 한 사람이었습니다. 전라도·경상도의 두 도에서는 해마다 큰 기근이 들었고 금년에는 더욱 심했습니다. 3월도 큰 추위가 계속되고 4월에는 비가 오지 않아 보리 이삭이 패지 못하고 볍씨를 심지도 못했으니 우리 백성이 장차 무엇으로 살아가겠습니까? (『고려사』 권120, 열전33, 윤소종전)

| 윤환 등을 향사하기 위해 설립된 홍포서원(경남 함안군 칠서면 계내리)

기근에 따른 민생문제가 이처럼 심각했음에도 정부는 별다른 대책을 내놓지 못했다. 토목공사를 중지하거나 사면령을 내리는 것이 고작이었다. 이같은 상황에서 윤환이 사재를 털어 빈민 구제사업을 벌였다는 것은 높이 평가할만 하다. 노블레스 오블리주의 실천이었다.

윤환이 고향 칠원으로 돌아왔을 때, 그 해에 큰 기근이 들어 사람들이 서로 잡아먹는 지경에 이르자 가산을 털어 구휼하였다. 빈민들에게 돈을 빌려주고 받은 증서를 모두 불살라버려 빚을 갚지않아도 되도록 은혜를 베풀었다. 당시 오랫동안 가물었는데, 물이 윤환의 밭에서 솟아 나와 다른 사람들의 밭까지 적셔주어 크게 풍년이 들었다는 이야기도 전한다. 이 때문에 당시 경상도 백성들이 윤환을 칭송하는 목소리가 그치지 않았다고 한다.

참고문헌

『고려사』, 『고려사절요』, 『씨족원류』, 『칠원윤씨족보』, 『목은집』.

김건곤, 「고려시대 기로회 연구」, 『대동한문학』 30, 2009.

이정호, 「여말선초 자연재해 발생과 고려·조선정부의 대책」, 『한국사학보』 40, 2010.

신정훈, 「고려 말기 왜구의 침입과 기근에 따른 민생」, 『향토서울』 76, 2010.

김형수, 「충혜왕의 폐위와 고려 유자들의 공민왕 지원 배경」, 『국학연구』 19, 2011.

김광철, 『원간섭기 고려의 측근정치와 개혁정치』, 경인문화사, 2018.

가장 먼저 원나라에 맞선 고려의 관리, 정지상(鄭之祥)_신은제

"원나라 사신쯤이야 아무 것도 아닌데 너희들은 무엇이 두려워 나를 구하지 않느냐? 너희 주(州)를 강등시켜 작은 현(縣)으로 삼을 것이다." 고려 출신으로 원나라 순제의 총애를 받던 예스부카[埜思不花]가 황제의 명에 따라 사원에 향을 바치러 본국에 와 횡포를 부리자, 정지상은 추상같이 고을의 향리들을 꾸짖으며 예스부카를 체포했다. 1355년(공민왕 4) 공민왕의 반원개혁이 시작하기도 전, 정지상이 먼저 원에 반대해 원나라 사신을 체포하는 일이 발생한 것이다. 정지상은 어떤 사람이기에 이런 대담한 일을 벌인 것일까?

하동 출신 남자

정지상은 지금의 경상남도 하동군 사람이다. 각종 문헌에서 그의 가계가 분명히 드러나지 않는 것으로 보아, 하동 지역 향리 출신으로 이해된다. 『고려사』 정지상 열전에 의하면, 정지상은 누이 덕분에 원나라를 오갔다고 한다. 향리 출신 정지상이 먼 원나라로 자주 오갈 수 있었던 것은, 그의 고향 하동이 바다와 접해 있어 선박을 이용해 바다로 나가기 용이했기 때문으로 이해된다. 특히 하동은 원나라와 일본의 교역로 상에 위치해 있어 해로를 이용할 경우 비교적 손쉽게 원으로 갈 수 있었을 것이다. 14세기 원과 일본의 교역양상은 신안 앞바다에서 발견된 신안선의 존재를 통해 확인할 수 있다. 신안선은 1332년 경 중국 닝보[寧波]를 출발해 일본으로 향하던 무역선이었는데, 신안앞바다에서 침몰하였다. 신안선의 사례를 통해 볼 때, 당시 중국에서 출발한 선박은 신안에 다다른 뒤, 연해 항로를 따라 거제나 김해까지 온 뒤 쓰시마를 거쳐 일본열도로 갔을 것으로 추정된다. 이러한 신안선의 항로를 고려하면 하동은 보다 손쉽게 원으로 오갈 수 있었던 곳이었다.

| 전남 신안지역에서 침몰한 고려시대 배의 복원 모습(문화재청 자료)

공민왕을 모시다

정지상이 원나라를 오갈 때, 공민왕은 원나라에 입조해 있었다. 충혜왕의 동생이었던 공민왕은 충혜왕이 원으로 압송되어 중국 강남에서 객사하고 그의 아들 충목왕(忠穆王)이 즉위할 때까지 고려왕위에서 멀어져 있었다. 충목왕이 재위 3년만에 급서하자 이제현과 같은 고려의 신료들과 원 승상 톡토[脫脫]의 지원을 받은 공민왕은 왕위에 다가가긴 했으나 결국 왕위는 조카 충정왕에게 돌아갔다. 하지만 공민왕은 포기하지 않았다. 1349년(충정왕 원년) 노국대장공주와 혼인에 성공했고 2년 뒤 충정왕을 몰아내고 고려왕위에 오를 수 있었다.

정지상이 언제 어떻게 공민왕을 만나 그를 모시게 되었는지는 명확하지 않으나 그가 연저호종공신에 책봉되지 못한 점을 고려하면 일찍부터 공민왕과 고락을 나누며 왕을 모셨던 것은 아니라고 생각된다. 그러나 공민왕은 원에서 어려움을 많이 겪었으므로 이 과정에서 정지상이 일정한 정도의 공로를 세웠을 가능성은 높다.

1351년 공민왕이 즉위하자 정지상은 발탁되어 빠르게 승진했다. 1354년(공민왕 3) 정5품의 감찰지평(監察持平)이라는 요직에 임명되기까지 했다. 감찰지평에 오른 지 얼마 되지 않아 전라도 안렴사에 임명되었다. 빠른 승진 때문인지 정지상에 대한 세인들의 평가는 썩 좋지 않았다. 세상 물정을 잘 모른다거나 권세가의 지시에 따라 폭정을 일삼았던 것으로 『고려사』는 기록하고 있다.

원나라 사신을 체포하다

1355년 원나라 황제 순제의 총애를 받던 예스부카가 분향을 위해 고려에 사신으로 왔다. 당시 예스부카는 갖은 행패를 부렸고 고려의 안렴사들이 감히 그 비위를 거스르지 못했다. 마침 예스부카가 전주에 와 뻣뻣한 정지상을 포박하고 모욕을 주었다. 이에 정지상은 전주의 향리들에게 "나라에서는 이미 기씨(奇氏) 일족을 다 죽였고 다시는 원나라를 섬기지 않기로 하였으며, 재상 김경직(金敬直)을 원수로 삼아 압록강을 지키게 하였다. 이 사신쯤이야 아무 것도 아닌데 너희들은 무엇이 두려워 나를 구하지 않느냐?"라며 큰 소리 쳤고 전주의 향리들은 포박을 풀어 주었다. 잠시 뒤 정지상은 부하들을 거느리고 와 예스부카를 수감하고 그의 금패(金牌)를 빼앗아 개경으로 돌아와서는 왕에게 사실을 보고하였다.

정지상의 행동에 놀란 공민왕은 급히 예스부카를 석방하고 정지상을 순군에 가두었다. 공민왕조차도 원나라 사신을 함부로 처결할 수 없었던 것이다. 이 사건으로 그가 다시 관직에 나가기는 쉽지 않아 보였다. 그러나 정세는 갑자기 급변했다. 공민왕이 기철 일파를 제거하는 이른바 '반원개혁'을 단행하자 정지상에게도 기회가 왔다. 공민왕은 기철일파를 제거함과 동시에 정지상을 석방하여 순군제공(巡軍提控)으로 삼아 자신을 시위(侍衛)하게 했다. 1358년(공민왕 7) 왜적이 개경 인근까지 침입해 오자 찰방(察訪)이 되어 개경을 방어했으며 1359년 호부시랑(戶部侍郎)으로 홍건적의 노략질을 보고하지 않은 도지휘사(都指揮使) 김원봉(金元鳳)을 질책하기도 했다.

고려에 대한 원의 영향력이 거의 절대적이었던 때, 정지상은 어떻게 원나라 사신을 체포하고 그의 금패를 빼앗을 생각을 했을까? 공민왕이 기철일파를 처형하기 전, 정지상이 예스부카를 수감한 배경은 크게 3가지 정도로 추론할 수 있다. 정지상이 세상물정을 모르고 자신의 분을 이기지 못해 예스부카를 수감했을 가능성이 있다. 그러나 예스부카의 수감과 같은 정치적 행위를 정지상 개인의 성격 탓으로 돌리기는 어려워 보인다. 둘째는 정지상이 원나라 사정에 매우 정통했을 가능성이다. 당시 원나라는 본격적으로 농민반란이 시작되었을 때였다. 그는 원의 쇠퇴를 직감했을 지도 모른다. 마지막은 공민왕과 긴밀히 교감하고 있어 공민왕이 언젠가 기철을 제거할 것을 짐작하고 있었을 가능성이다. 현재 사료의 부족으로 정지상이 예스부카를 수감한 정확한 이유는 증명할 수 없으나, 그가 원나라 사정에 정통하면서 공민왕의 심중을 잘 파악한 인물이었기에 그런 과감한 행동을 취한 것으로 추정된다. 배경과 결과가 어떠하든 예스부카를 수감한 일은 정지상이라는 인물의 명성을 높이는 데 큰 역할을 한 것은 틀림없어 보인다. 그의 열전이 『고려사』에 입전된 것도 이 덕분일 터이다.

엄격하고 냉혹한 인물

1362년(공민왕 11) 정지상은 어사중승(御史中丞)에 임명되어 2가지 중요한 임무를 맡았다. 하나는 원나라에서 순제의 환관으로 있다가 고려로 낙향해 해인사에 머무르고 있던 고용보(高龍普)를 처형하는 일이고 다른 하나는 홍건적을 물리치는 데 가장 큰 공을 세운 총병관 정세운(鄭世雲)을 살해한 죄목으로 원수 이방실(李芳實)을 처형한 일이다.

고용보는 충혜왕을 원나라로 압송하는 데 큰 공을 세운 부원배로 충목왕의 즉위에 결정적 영향력을 발휘할 정도로 원나라에서 막강한 권력을 행사하고 있던 인물이었다. 그러나 고용보는 원나라 조정에서 기황후와 대립하다 결국 실각하여 고려로 돌아와 가야산 해인사에 은거해 있었다. 권력을 잃었다 하더라도 고용보는 한때 원나라 순제를 지근에서 모셨던 환관이었으므로 공민왕으로서는 부담스러운 존재였고 그의 처형은 뒷날 문제가 될 여지가 있었다. 이 민감한 일은 정지상의 몫이 되었고 정지상의 주저 없이 고용보를 처형하였다.

도지휘사 이방실의 처형은 더욱 정치적으로 민감한 사안이었다. 1361년(공민왕 10) 10월 홍건적이 압록강을 넘어 고려로 난입하자 공민왕은 안동으로 피난길에 올랐고 개경은 홍건적의 손에 넘어 갔다. 개경의 홍건적은 1362년 1월이 되어서야 격퇴되었다. 홍건적을 물리치는데 결정적 공헌을 한 이는 총병관 정세운(鄭世雲)과 3명의 원수 안우(安祐) 김득배(金得培) 이방실(李芳實)이었다. 그러나 4명의 영웅들은 모두 기막힌 죽음을 맞이한다. 정세운은 동료인 안우 등에 의해 살해당했다. 정세운을 시기한 김용이 교지를 조작해 안우 등에게 정세운을 죽이게 한 것이었다. 정세운이 죽자 더욱 해괴한 일이 일어났다. 홍건적을 물리치고 역적 정세운을 처형한 공을 세운 후 개선하던 안우는 행궁을 지키던 문지기에 의해 그 자리에서 살해당했다. 안우의 처형 이후 김득배는 스스로 형장으로 나와 목숨을 잃었다. 홍건적 격퇴

의 영웅이자 왕의 명령을 따라 정세운을 처형하였다고 자
부한 이방실은 안우의 처형 소식을 듣고 용궁현으로 도주
하였으나 정지상의 칼에 목숨을 잃었다. 이 민감한 사건에
서 정지상은 적지 않은 역할을 담당하였던 것이다. 정지상
의 이런 중대하고 민감한 사안을 담당한 것은 그의 성품이
엄격하고 냉혹했기 때문으로, 공민왕은 사형에 해당하는 죄
를 취조할 때는 반드시 정지상이 파견해 처리하도록 했다고
『고려사』는 쓰고 있다.

참고문헌

『고려사』.
문화재청, 『신안선』, 2006.
신은제, 「14세기 전반 원의 정국동향과 고려의 정치도감」, 『한국중세
　　사연구』 26, 2009.
신은제, 「공민왕의 신돈 등용의 배경」, 『역사와 경계』 91, 2014.

농업도 발전시키고 주자가례도 보급하고

고려후기 사회를 변화시킨, 행촌(杏村) 이암(李嵒)_이종봉

고려말 주자성리학(朱子性理學)을 실천한
정습인(鄭習仁)_배상현

정절의 논란 속에서도 면화를 꽃피운,
문익점(文益漸)_안순형

Ⅸ. 농업도 발전시키고 주자가례도 보급하고

고려후기 사회를 변화시킨, 행촌(杏村) 이암(李嵒)_이종봉

이암은 충렬왕 23년(1297) 고성현(현 고성군) 송곡촌(松谷村: 현 고성읍)에서 태어나서 공민왕 13년(1364)에 세상을 떠났는데, 우왕 때 충정왕의 묘정에 배향되었고, 시호는 문정(文貞)이다. 이암의 처음 이름은 군해(君侅)이고, 자는 익지(翼之)였으나, 나이가 좀 들어서 암(嵒)으로 바꾸고, 자도 고운(古雲)으로 고쳤다. 이암의 가계는 『고성이씨세보』, 『철성연방집』, 『씨족원류』 등에 기록된 내용들이 있는데, 조금은 차이가 있다. 이색(李穡)이 쓴 〈이암묘지명〉에는 증조 이진(李瑨), 조부는 문희공(文僖公) 이존비(李尊庇), 부는 이우(李瑀) 등을 기록하고 있다. 이진은 〈묘지명〉에 '급제불사(及第不仕)'란 기록을 남기고 있으므로 과거에 합격을 하였지만 관직에 나가지 않았는데, 합격이후 일찍 세상을 떠났을 가능성이 있다. 문희공 이존비는 안향과 함께 원종 원년(1260)에 과거에 급제하여 충렬왕과 충선왕 때 밀직사와 문한직의 중요 관직을 맡으면서 고성이씨가 중앙의 정치무대에서 활동할 수 있는 기반을 마련하였다. 이우는 과거에 합격하였다는 기록은 없지만, 음서로 관직에 나아갔다가 충숙왕의 복위 때 파직을 당하여 고향으로 돌아왔는데, 이암의 공으로 나중 철성부원군에 봉해졌다. 이우는 부인 함양박씨 사이에서 이암과 함께 도촌(桃村) 이교(李嶠), 매촌(梅村) 이징(李澄) 등 아들 셋과 4딸을 두었는데, 이교는 과거 급제 후 공민왕 8년 어사대부로 지공거를 역임하였고, 이징은 출가하여 승려가 되었다. 이암도 부인 남양홍씨(홍자번의 증손녀)와의 사이에서 인(寅)·숭(崇)·음(蔭)·강(岡) 등과 측실에서 목(牧)과 딸 둘을 두었는데, 이강은 문경(文敬)이란 시호를 받았다.

| 행촌 이암선생유허비(고성군 고성읍)

철성(鐵城)이씨를 고려의 중심에 서게 하다

고성이씨는 『세종실록』지리지와 『동국여지승람』의 고성현의 채·김·박·남씨와 함께 토성으로 기록되어 있으므로, 신라말 고려초의 시기에 호족세력으로 존재하였다가 향리로

193

변신하여 실재적 지역지배를 담당하였을 것이다. 고성이씨가 중앙으로 진출한 시기는 〈이존비묘지명〉과 〈이암의 묘지명〉에도 그의 증조인 이진 외에 과거의 합격자를 기록하고 있지 않으므로 정확하게 알 수 없지만, 무신정권기인 증조 때 이진이 토대를 마련하였고, 조부인 이존비 때 본격적으로 진출하였다가 아버지 때 잠깐 아픔을 겪기도 하였다. 『용재총화』에 고성이씨가 '아국거족(我國巨族)'에 빠져 있지만, 고려의 거족(鉅族)으로 평가하게 된 것은 이암에서 비롯되었을 것이다.

| 고성이씨유허비(고성군 고성읍)

관인으로 다섯 왕을 보필하다

이암은 어렸을 때부터 남다른 재능을 드러내었고, 특

히 글을 잘 쓴다고 칭찬이 많았는데, 17세 때 충선왕 5년 (1313) 권한공(權漢功)과 최성지(崔誠之)가 주관한 과거에서 급제하여 충선왕의 측근세력인 이들과 좌주·문생 관계를 형성하여 주위의 부러움을 받았다. 특히 두 사람은 이암을 '보기(輔器), 즉 재상의 그릇이다'고 할 정도로 특별하게 여겼다.

이암은 과거에 합격한 이후 충숙왕이 그의 능력을 사랑하여 부인(符印: 국왕의 관인)을 관장하는 직책을 맡았다가, 비성교감(秘省校勘)에 제수(除授)되었다가 여러 번 옮겨 정 5품의 도관(都官) 정랑(正郎)이 되었다. 이암이 첫 번째 맡았던 관직이 이런 직책이었다는 것은 한눈에 충숙왕의 총애를 받았음을 말해주고 있다.

충혜왕과 이암

이암은 충숙왕의 총애도 받았지만, 아들인 충혜왕의 총애도 받았다. 〈윤지표(尹之彪)묘지명〉에 이암은 충숙왕 15년 (1328) 32세 때 윤지표·조익청(曺益淸) 등과 함께 원에 들어가 세자(충혜왕)를 시종하였다는 기록이 있다. 이때 원의 황실은 무종의 아들인 명종과 문종의 치열한 권력투쟁을 전개하고 있었다. 이암은 세자를 잘 보필할 수밖에 없었고, 이러한 상황은 이암이 충혜왕의 총애를 받음과 동시에 정치적 운명도 함께 할 수밖에 없었다. 이런 와중에 세자인 충혜왕은 왕으로 즉위를 하자, 자신의 시종신이었던 이암을 중요시 할 수밖에 없었다.

귀국 후 충혜왕이 지인방(知印房: 관리의 인사권을 담당)을 설치하여 그 자리인 도감정랑을 담당하게 하였다. 그 후 이암은 우부대언(정3품)을 거쳐 밀직대언 겸 감찰집의(密直代言 兼 監察執義) 등의 중요 관직에 발탁되었다. 특히 이암은 충혜왕 1년 4월 우대언(右代言)으로 동지공거(同知貢擧)가 되어 과거를 주관하여 주윤(周贇) 등 33인을 급제시키기도 하였다. 정3품의 관직을 가진 인물이 과거를 주관하는 일은 드문 일인데, 이는 충혜왕의 총애를 받았다는 증거이다. 이때 최안도의 아들인 최경이 10세를 갓 넘은 나이에 과거에 합격함으로써, 이암은 한때 간관으로부터 정치적 공격에 받기도 하였지만, 큰 문제가 되지는 않았다.

충숙왕과 이암

그런데 고려 왕실은 충숙왕이 복위(1332년)를 하였다. 충숙왕은 복위 후 충혜왕의 측근세력에 대한 정치적 박해를 가했다. 복위 나흘만에 이암은 정승 윤석 등 13명과 함께 충혜왕의 폐행으로 지목되어 순군에 하옥되었다가, 다음 달에 섬으로 유배되었다. 그때 이우도 파직시켜 귀향형에 따라 고향으로 돌아가게 하였다. 그런데 이암은 섬에서 언제 풀려났는지 정확하게 알 수 없다. 이암의 첫 번째 정치적 시련은 충숙왕이 왕위에서 물러날 때까지 지속되었는데, 그 시기에 부인 홍씨가 세상을 떠났다.

충숙왕이 훙(薨)하자 충혜왕이 복위하였다. 왕은 과거의 측근세력을 불러 들였는데, 이암은 지신사(정3품)에 제수되었다가 성균대사성(종2품)으로 승진하였으며, 곧 동지추밀원사(同知樞密院事)로 옮겨졌고, 얼마 후 정당문학(정2품)에 임명되었다가 첨의평리로 옮겨졌다. 이암은 충혜왕 때 재상의 반열에 올랐다. 이때 이암은 충혜왕이 무인 한용규(韓用規)를 종 4품인 전교부령으로 삼으려고 하자 옳지 않다고 반대할 만큼 항상 충혜왕의 입장에서만 정치를 한 것은 아니었다. 이로 인해 이암은 충혜왕과의 정치적 관계가 소원해졌다. 그런데 충혜왕은 사적으로 부를 축적하거나 주색을 너무 좋아하는 등의 성품과 자질에 문제가 있었다. 원에서 충혜왕(1343, 후 4년)을 압송한 후 유배하였고, 유배지로 가는 도중에 죽었다.

충목왕과 이암

충혜왕의 아들인 충목왕이 왕으로 즉위하였다. 충목왕은 새로운 정치를 표방하면서 이전에 소외되었던 인물과 원로들을 등용하였고, 정치도감을 설치하여 과감한 개혁정치를 추진하였다. 그런데 기황후의 일족인 기삼만이 정치도감에서 조사를 받던 중 옥사하는 사건이 발생하자 정치도감의 활동이 중단되었다. 그 시기 이암은 찬성사에 임명되었고 제학 정사도(鄭思度)와 더불어 정방(政房)의 제조가 되어 인사를 담당하였다. 이때 환관 고용보(高龍普)가 관리의 인사가 공평하지 않다고 왕에게 아뢰었는데, 이로 인해 이암은 밀성(밀양)으로 유배되었다. 곧 풀려났지만, 이암은 또 한번의 정치적 고통을 감내하여야만 했다.

충목왕이 어린 나이에 갑자기 죽자 충혜왕의 동생인 왕기 (王祺: 공민왕)와 충혜왕의 아들인 왕저(王眡: 충정왕)가 왕위계 승을 두고 삼촌과 조카가 대립하였는데, 원에서 충정왕을 계승자로 삼았다. 이때 충정왕이 왕위를 계승하게 되자 왕 은 귀국 때까지 이암에게 나라 일을 총괄할 것을 명령하였 다. 이암은 정방의 제조에 임명되어 관리의 인사권도 장악 하였다. 이암은 충정왕의 옹립에 역할을 하였으므로 추성수 의동덕찬화공신(推誠守義同德贊化功臣)의 칭호를 하사받았고, 도첨의찬성사에 제수되었다. 이암은 충정왕 원년 9월에 왕 위계승에 감사하기 위해 원에 사신으로 갔다 온 후 곧바로 좌 정승(左政丞)에 임명되었다. 이암은 관인으로 최고의 반열에 올랐지만, 이후 활동의 모습이 나타나지 않는데, 〈묘지명〉에 기록된 것처럼 파직되었음을 알 수 있다.

공민왕과 이암

원은 충정왕을 물러나게 하고, 공민왕을 새롭게 왕으로 책봉하였다. 공민왕은 고려의 여러 정치적 모습을 본 후 왕 에 즉위하였으므로, 고려 사회가 당면한 문제의 해결을 우 선으로 삼았다. 공민왕은 원년(1352) 서연을 열어 여러 인물 들을 초빙하였는데, 이때 이암도 초청되었다. 이암은 고려 사회가 당면한 여러 문제를 건의할 수 있었고, 왕과 대면할 수 있는 계기를 마련하였다. 하지만 이암은 철성군(鐵城君) 에 봉해졌지만, 관직을 받지 못했으므로, '나이가 들어 장차 60이 되고 지위 또한 극에 달했으니, 이때 관직에서 물러나

지 않으면 다시 언제 물러나겠는가' 하여 사직할 것을 간청
하고 청평산(淸平山: 현 춘천 오봉산)으로 들어갔다. 이때 이암
이 관직에서 물러난 것은 공민왕 초기의 복잡한 정치적 상
황과 맞물려 있을 것으로 유추된다.

공민왕은 7년(1358) 자신의 정치를 도와 줄 인물을 찾았는
데, 그러한 인물로 이암을 고려하였다. 그것은 묘지명에 '왕
이 나라를 다스리려는 마음의 매우 급하여 나이와 덕이 높
은 옛 신하들을 예로써 불러들였다'는 점을 통해 원로대신을
찾으려는 공민왕의 마음을 알 수 있다. 이암은 이를 수용하
지 않을 수 없었고, 다시 개경으로 돌아와서 최고의 반열인
수문하시중(守門下侍中)에 임명되었다. 그때 이암의 나이 60
을 넘겼지만, 화려한 복귀라 하지 않을 수 없다.

그 무렵 중원에서는 홍건적으로 불리는 새로운 세력이 등
장하였는데, 이들은 2차에 걸쳐 한반도를 침략하였다. 1차
때 이암은 수문하시중으로 서북면도원수(西北面都元帥)에 임
명되어 서북면의 군사적 최고 책임자가 되었고, 2차 때 홍
건적이 개경을 공격해 오자 공민왕이 파천하기를 결정하였
을 때 이암은 공민왕 10년(1361) 11월 시중 홍언박(洪彦博)
등과 왕을 따라 남쪽으로 안동까지 내려가서 왕을 잘 보필
하였다. 고려는 많은 군사를 모아 개경을 함락시킨 홍건적
을 물리침으로써 대외적인 안정을 가져왔다. 그때 조정에
서는 정치세력의 갈등으로 홍건적의 침입 때 총병관을 맡았
던 정세운과 홍건적의 격퇴에 많은 공을 세운 삼원수인 김
득배·안우·이방실 등이 죽임을 당하는 사건과 공민왕 12년

3월에는 김용이 공민왕을 시해하려는 소위 '흥왕사의 변'이 발생하는 등 대혼란이 있었다.

홍건적의 침략이 마무리 된 후 총병관 정세운이 살해되었을 때 이를 논의하는 과정에 수문하시중인 이암은 참여하지 못하였다. 공민왕 11년 3월 이암은 수문하시중으로서의 책임감과 함께 정치적 소외를 당함으로써 공민왕에 대해 매우 섭섭함을 느꼈을 것으로 생각되는데, 「묘지명」에 '지금 불행하게도 어려운 일을 많이 겪고 있습니다. 그러므로 장수와 재상은 모름지기 인재를 써야 할 것인데, 신은 재주도 없이 오랫동안 외람되게 재상의 자리에 있었습니다. 청하건대 물러나게 하시고 어진 이를 등용 하십시오'라고 사직을 청하고 홀연히 관직에서 물러났다. 관직에 물러난 이암은 공민왕 12년 3월 신축(공민왕 10년)호종의 1등의 공으로 추성수의동덕찬화익조공신(推誠守義同德贊化翊祚功臣)·벽상삼한·삼중대광·철성부원군의 칭호를 하사받았고, 4월에는 장사성(張士誠)이 홍건적을 평정한 것을 하례하고 비단 및 양(羊)과 공작(孔雀)을 바치자, 그 중의 공작을 공민왕이 이암에게 하사하였을 만큼 극진히 예우 받았다.

이암은 관직에서 물러난 후 「묘지명」에 '도서(圖書)로써 스스로 즐기며 욕심없이 담담하게 살았다. 선원(禪源)에서 한가로이 세상을 보내는 늙은 승려들과 세속을 벗어난 자를 벗으로 삼고, 절 안에 건물을 지어 해운(海雲)이라는 편액을 달고 조각배로 왕래하면서 문득 집으로 돌아가는 것을 잊었다'고 하는 것을 고려하면, 선원은 즉 강화도 선원사를 말하므로 이곳에서 때로는 글과 그림을 쓰고 그리면서, 때로는 승려들과 담소하면서 마지막 삶을 정리하고 있었음을 알 수 있다. 자유인 이암은 그의 자족한 삶을 오래 하지 못했다. 공민왕 13년(1364)에 죽으니 나이 68세였는데, 유사에게 예를 갖춰 장사지내게 하였다.

새로운 농서의 도입과 함께 실천적 모습을 보였다

이암은 정치를 하는 관인으로 많은 역할을 하였다. 앞에서 서술한 것처럼 그는 몇 차례 왕을 따라 원에 다녀왔다. 원은 서양의 과학기술과 함께 새로운 농업기술에 대해서도 적극적인 장려책을 펼쳤는데, 왕정의『농서』·노맹선의『농상의식촬요』와 함께『농상집요』등이 간행되었다. 특히『농상집요』는 다양한 농업기술을 수록하고 있다. 이암은 농업에 많은 관심을 가지고 있는 터라 충정왕 원년(1349) 원에 갔을 때 지원 2년(1336)의 진주로총관부중간후서가 있는『농상집요』를 가져왔다. 이암은『농상집요』가 지닌 특성, 즉 중국 화북의 한전농법과 고려도 한전농업이 차지하는 비율이 높은 점 등을 고려하여 농업기술의 발달에 충분히 기여할 수 있다고 생각하여 도입하였을 것이다.

그 이후 이암은 공민왕 2년(1353) 57세 때 홀연히 관직에서 물러나 청평산 문수사(현 오봉산 청평사)에 은거하였다. 이곳은 문수사 장경비의 글씨를 쓴 인연이 있었지만, 개성에서 이곳으로 오는 길은 어려웠다. 거사불교의 흔적이 있던 이곳에 와서 불교에만 심취한 것이 아니라 농사에도 많은 관심을 가졌다. 그것은 『행촌선생실기』과 『둔촌잡영』에 '호미를 들고 정원을 가꾸는 일을 취미로 삼았고, 먹을 것을 위해 전원을 구하였다거나, 농사 이야기 하는 것을 좋아하고 벼·삼농사가 작년보다 좋으리'라고 하고 있었기 때문이다.

이암은 가져온 『농상집요』를 직접 간행하지는 못했지만, 이를 생질 우확(禹確)에게 전하고, 우확은 다시 지합주사 강시(姜蓍)에게 전하였다. 이암은 이들과 인척으로 연결된 사이이다. 강시는 안렴사 김주의 도움을 얻고, 이암의 제자인 목은 이색의 서와 설장수의 글을 받아, 농서의 제목을 『원조정본 농상집요』라 하고 공민왕 21년(1372)에 간행하였다. 고려본 『농상집요』는 고려후기 뿐만 아니라 조선초기에 『양잠경험촬요』와 『농서집요』로 분리되어 간행되어 조선초기 이후에도 우리의 양잠과 농업 전반에 영향을 주었다. 이는 이암이 『농상집요』를 가져온 결과였다.

글씨와 함께 여러 글을 남기다

이암의 글씨는 일찍부터 명필로 유명했다. 충숙왕 14년(1327) 원에서 보낸 준 불서를 문수사에 보관한 내력을 기록하고 있는데, 당대 대학자인 익재(益齋) 이제현이 글을 짓고, 이암이 글씨를 썼다. 문수원 장경비의 서체는 원대 서예가로 유명한 조맹부(趙孟頫)의 송설체였다. 그의 글씨는 오히려 조맹부의 서체보다 굵고 장중하여 조맹부체의 단점을 보완할 정도였다고 평가되었고, 이를 확산시킴으로써 고려의 서체의 변화에도 큰 기여를 하였다. 이는 탁본이 남아 있어 글씨의 아름다움을 느낄 수 있다. 조선 때 서거정 역시 서법은 서성(書聖)으로 불리는 김생(金生)이 최고요, 둘째는 이 암이라 할 정도로 그의 글씨는 장중하였다. 지금도 그의 높은 서예의 경지를 기리기 위해 '대한민국행촌서예대전'을 개최하고 있다.

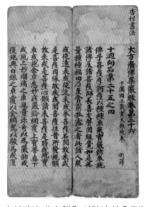

| 송설체의 대가 행촌 이암이 쓴 『대방광불화엄경』(한국국학진흥원)

| 이암 필적(『해동명적(海東名蹟)』에 수록, 한국학중앙연구원)

현재 문수원 장경비는 터만 있고, 비가 남아있지 않다. 장경비는 상징성 때문에 이를 복원하려는 움직임이 있었는데, 비의 형태 복원 등이 명확하지 않으므로 복원 사업은 중단

203

되었다. 새로운 자료를 구해 장경비의 복원이 이루어진다면, 이암의 글씨의 웅장함을 맛볼 수 있을 것이다.

그가 남긴 저술은 〈묘지명〉과 『고려사』 등의 자료에 기록된 것이 없지만, 후대의 자료에 의하면 『檀帝世紀(檀君世紀)』을 완성했다고 하고 있고, 〈태갑편〉을 직접 써서 왕에게 바쳤다고 한다. 이암은 글을 잘 썼음을 알 수 있다. 다만 단편적인 시문만이 남아 있고, 그의 글을 모은 문집이 없는 점이 아쉬울 따름이다.

| 제7회 대한민국행촌서예대전 시상식 모습(2017)

이암은 고성, 즉 철성이란 지명을 더 뚜렷하게 각인을 시킨인물이었다. 갈천서원에서 이암을 배향한 것은 그러한 이유였다.

| 이암 등을 향사하는 갈천서원(경남 고성 대가면, 한국학중앙연구원)

참고문헌

『고려사』, 『고려사절요』, 〈이암묘지명〉.

한영우·이익주·윤경진·염정섭 공저, 『행촌 이암의 생애와 사상』, 일
    지사, 2002.

이종봉, 「한국중세 농정과 이암의 『농상집요』도입」, 『려·원의 농정과
    농상집요』, 동강, 2017.

초계정씨 명문가문에서 나서 자라다

정습인은 초계(草溪) 사람으로 자(字)가 현숙(顯叔)이다. 시중을 역임한 정배걸(鄭倍傑)의 후손으로 증조부 정승방(鄭丞邦)은 국자박사(國子博士)를 역임하였다. 조부는 국자진사(國子進士) 정방주(鄭邦柱)이다. 아버지는 정공연(鄭公衍)으로 슬하에 세 아들을 두었는데 습상(習常), 습충(習忠), 습인이었다. 부친은 가정 이곡(李穀)과 진사과 동년이었으나 벼슬길에는 나가지 않은 것으로 알려진다.

현숙은 1355년(공민왕 4) 이공수(李公遂)와 안보(安輔)가 지공거와 동지공거를 맡았을 때 대책문(對策文)을 통해 우수한 성적으로 급제한 인물이었다. 지영주사(知榮州事)를 역임하고, 지양주사(知梁州事)와 지밀성군사(知密城郡事)을 지냈다. 우왕대 비서감(秘書監)에 임명되었으며, 공양왕은 그를 우산기상시(右散騎常侍)에 보임하였다. 아들은 정전(鄭悛)으로, 문장과 실천에 있어 당대의 모범이라 불릴만한 인물이었다.

| 정전의 장원급제 등과기

206

일화에 비친 여말 사대부의 삶

『고려사』와 『목은문집(牧隱文集)』에는 정습인의 짧은 전기가 실려 있다. 목은 이색(李穡, 1328-1396)은 현숙과 같은 시대를 살았던 인물이다. 목은은 그의 부친과 현숙의 부친이 진사과(進士科) 동년배인 줄은 이미 알고 있었다. 그러나 그가 정공연의 자제라는 것은 알지 못하였고, 현숙 역시 그런 말을 입 밖에 낸 적이 없었다고 한다. 또한 서로 얼굴을 안 지는 오래되었으나 일찍이 서로 만나 환담을 나누어 보지는 않았다고 했다. 이들 전기에는 몇 개의 일화가 전한다.

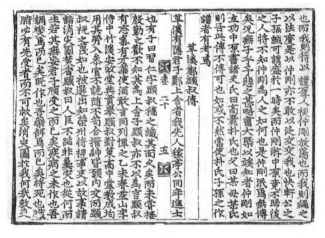

| 목은 이색이 쓴 정현숙전

그가 영주에 지사로 나가 있을 때의 일이다. 정사를 막 시작할 무렵이었다. 고을 아전이 이전부터 해오던 관행이라며 소재도(消災圖) 앞에 나아가 분향할 것을 요청하였다. 이에

현숙이 말했다. "신하가 되어 상식과 법도에 어긋나는 일을 행하지 않는다면 재앙이 어디서 생기겠는가. 혹 재앙이 뜻과 다르게 우연히 발생할 수도 있겠지만, 그런 재앙은 군자가 운명으로 순순히 받아들일 따름이다. 그리고 질병은 내가 건강을 조심하면 되는 일이고, 만약 질병에 걸린다 해도 내가 약을 먹고 치료하면 될 것이다. 죽을 정도가 되면 오장육부(五臟六腑)가 먼저 타격을 받아 고칠 수 없게 될 것이 분명하니, 이 그림 따위가 나를 어떻게 해줄 수 있겠는가" 하고는 아전에게 그 그림을 철거하라고 명하였다고 한다.

또 그 고을에 탑이 하나 있었다. 현숙이 관리에게 그 이름을 물으니 '무신(無信)'이라고 하였다. 재차 확인해 물으니 관리는 감히 근거도 없이 보고를 올릴 수 있겠느냐고 반문하였다. 이에 현숙은 지역의 원로들에게 자문한 결과 그것이 모두 사실임을 알게 되었다. 이에 현숙은 "괴이도 하다. 악목(惡木) 아래 쉬지 않고, 도천(盜泉)의 물은 마시지 않는다고 하였으니, 그 이유는 '악(惡)'이라고 하거나 '도(盜)'라고 하는 글자가 들어간 이름을 싫어하기 때문이다. 그런데 어찌해서 한 고을 사람들이 우러러보는 탑에다 '무신(無信)'이라는 이름을 붙일 수 있단 말인가. 양식을 버리면 사람이 먹고 살 수 없고, 군대를 버리면 스스로를 지킬 수가 없지만 양식과 군대를 헌신짝처럼 버리는 한이 있더라도 믿음만은 버릴 수가 없다고 공자께서도 이미 말씀하지 않으셨느냐"고 하면서, 고을의 관리들에게 지시하여 그 탑을 허물도록 하였다. 그리고는 그 돌로 객사[賓館]를 수리하게 하였다고 한다.

이 사건이 있을 당시 신돈(辛旽)의 권력이 상당하였는데, 소식을 들은 신돈은 그를 경주[鷄林]의 옥(獄)에 가두었다. 또 수개월 후에는 전법(典法)을 들어 옮겨 가두는 등으로 그를 괴롭혔다. 마침내는 신돈이 죽이려고 하였으나 조정의 대신들이 이를 막아 죽임을 면하게 되었다고 한다. 그리고 평민으로 강등시켜 서인(庶人)으로 살게 하고 영주에 가서 그 탑을 복구하도록 하였다.

훗날 신돈이 죽자 지양주사(知梁州事)와 지밀성군사(知密城郡事)을 지냈는데, 가는 곳마다 권세가들을 억누르고 음사(淫祀)를 금지하였다고 한다.

공양왕대의 일이다. 왕은 즉위 후 그를 우산기상시(右散騎常侍)에 임명하였다. 왕이 남경(南京)으로부터 송도(松都)로 돌아올 때 일관(日官)을 시켜 길일(吉日)을 선택하였는데, 왕이 그날은 왕비에게 이롭지 않은 날이라 하여 일부러 날짜를 늦추어 우회의 길을 따라 송도로 들어오려고 한 것이었다. 이에 현숙은 좌산기상시(左散騎常侍) 진의귀(陳義貴)와 함께 그러한 왕의 태도가 옳지 않음을 간언하기도 하였다.

그의 효성과 관련되는 일화가 있다. 다음의 이야기는 이집(李集)이 목은에게 직접 알려준 것이라 한다.

현숙은 모친이 돌아가시자 3년 동안 여묘(廬墓)살이를 하면서 한결같이 주자가례(朱子家禮)의 범절을 사용하였다. 부친이 돌아가셨을 때도 슬퍼하고 애통해 하기를 이와 똑같이 하였다.

그가 여묘살이를 할 때 있었던 일이다. 부친이 생전에 불

교를 좋아했다고 하여 현숙은 여묘를 할 적에 날마다 불경
(佛經)을 읽어드렸다. 그러다 보니 자신도 모르게 그 내용을
암송하게 되었고, 오래도록 잊지 않게 되었다. 하루는 외출
해 친구를 찾아가니 그 집에서 마침 승려를 불러다가 재(齋)
를 올리는 중이었다.

승려가 불경 몇 부를 독송하였는데, 현숙은 그 옆에서 물
흐르듯 막힘이 없이 암송하였다. 그러자 승려는 필시 이 사
람이 불교 신도일 것이라 생각하고 그 성명을 물어 보았다,
이에 현숙은 즉시 '내가 바로 불탑(佛塔)을 허물은 정모(鄭某)
라는 사람이오'라고 응답하였다. 그러자 자리에 있던 사람
들이 모두 박장대소하고 그의 기억력에 탄복하였다고 한다.

유불교체기(儒佛交替期) 주자성리학의 실상

정습인에 관해 전해주는 일화들은 그의 인물 됨됨이와 함
께 고려말 주자성리학의 전파상도 보여준다. 두루 알려진
바와 같이 고려시대 유학은 삼국시대 이래의 전통을 계승하
였다. 그리고 사회적으로는 성종대 최승로(崔承老)가 시무(時
務) 28조를 통해 언급한대로 '불교는 몸을 닦는 근본[修身之
本]이요, 유교는 나라를 다스리는 근원[理國之源]'이라 하여
서로 마찰을 빚지 않으며 공존하였다.

신라 이래의 불교는 호국적 성격이 강하였고, 사회통합
적 측면에서도 다양한 이론을 제공하였다. 이는 태조 왕건
이 '훈요십조(訓要十條)'에서 각종 공립 사찰을 창건하고 물질
적으로도 지원해 '비보사탑론(裨補寺塔論)'을 주창한데서도 잘

드러난다. 그리고 이런 전통은 사원전(寺院田)과 사원 촌락 등 사회경제적 기반과 함께 불교문화를 융성하게 하였다.

한편, 고려후기에 들어 유학은 질적인 전환을 보여주고 있었다. 원간섭기 성리학을 수용하면서 유학자들의 도덕적·정치적 책무의식이 크게 고양된 점이 그것을 뒷받침하였다. 안향(安珦)에 의해 소개되고 백이정(白頤正)에 의해 수용된 주자성리학은 이른바 신진사대부들에 의해 널리 퍼지게 하였다.

주자성리학은 수용과 더불어 개인의 수신(修身)이나 군자적 인간성의 구현에 대한 관심도를 높이고 있었다. 하지만 수신을 학문적 목적으로 강조하였음에도 불구하고 『소학』보다 『대학』의 실천을 중시한다거나, 경학(經學)이 중시된 과거(科擧)의 중요성이 커지고 있었던 점은 그 사상이 사회적 역할을 중시하였음을 보여준다. 이는 그만큼 기존의 사회를 혁신하여 국가를 재건할 수 있는 기반으로서, 또 기존질서를 부정하고 새로운 시대를 지향하는 지도 원리로서 주자성리학이 점차 확산되어 가고 있었음을 의미하였다. 과거를 통해 벼슬길로 나아간 정습인의 모습에서도 이러한 모습은 확인되고 있다. 또한 그 과정에서 지방사회에서도 불교의 위상이 흔들리고 있음을 읽게 해준다.

| 유학의 기본서인 사서삼경

　고려말 성리학의 사상적 조류는 대개 이색이나 정도전과 같은 주요 인물들을 통해 이해되고 있다. 이들은 학문적으로 주자성리학을 받아들이고 성학론(聖學論)을 익히고 이를 통하여 수양을 거쳐 성인, 즉 도덕적 완성자가 되는 삼대(三代)의 이상정치를 지향하였다. 이들은 또 사장학(詞章學) 대신에 현실적이고 실제적인 경세지학(經世之學)을 익혀 나라를 부강하게 하고 백성을 안정시키고자 하였다. 그러나 이들은 현실인식과 그 타개방안에 있어 갈래를 보여준다. 고려왕조의 체제를 유지하려는 보수적 입장과 체제의 변혁을 통해 역성혁명을 꾀하고자 하는 혁신계층으로 나누어지고 있었던 것이다.

　이곡(李穀)과 이색 부자의 경우는 전자로 정계에 진출한 이래 정치적 기반을 굳히고 왕실과도 밀착되어 있었다. 이들은 유교와 불교가 추구하는 목표가 궁극적으로는 같다는 유불동도론(儒佛同道論)을 제창하면서 불교를 옹호하였고, 당시의 사회변혁에 순응한 개혁이념으로 성리학을 받아들였으며 기존의 불교사상에다 성리학을 결합시키려 하였다. 이들은 여말에 노정된 사회경제적 모순들을 인성과 인간의 윤리성 회복을 통해 국가의 지배질서를 되찾을 수 있다고 보았다.

한편 정도전의 경우는 중앙정계에 진출하였으나 상대적으로 열세였고 정치·경제적 기반 또한 미약하였다. 권문세족에 대항하여 결집된 신진사대부가 여말의 정치현안과 그 정치행동을 달리하게 되는 것은 이러한 정치·경제적 기반의 차이에서도 나타나고 있었다. 이들은 주자성리학에 충실하고 도통(道統)과 도학(道學)을 내세우며 척불론을 주장하였다. 이들은 불교의 비현실성·반윤리성·반도덕성을 들어 비판하였다. 그리고 불교를 배척하면서 이에 온정적인 태도를 취한 이색 등 반대파들의 입장을 비판하였다. 이들은 불교 대신 성리학적 사회체제를 지향하였다. 나아가서 당시 유·불 등 혼용된 정치체제를 개혁하여 성리학적 이념을 갖춘 권력구조를 세우려 하였다. 이들은 재상 중심의 정치론과 이상군주론을 제기하고, 민생안정을 '모토'로 내세우며 전제개혁(田制改革)을 단행하였다. 이들은 위화도회군을 통하여 정치권력을 장악하였고 정치·사회개혁을 단행해 조선왕조를 건국하였다.

정습인은 공민왕 때 우수한 성적으로 과거를 통해 벼슬길에 나간 인물이었다. 그는 오늘날 영주·양산·밀양 등지에서 지방관을 역임하였으며, 불교를 배척하고 음사를 철거하는 등 주자성리학의 실천에 앞장선 인물이었다. 목은은 그의 활동을 '가는 곳마다 강한 자를 누르고 약한 자를 도우며 위엄과 은혜를 동시에 드러내었다'고 평가했다. 그는 효성이 지극하였으나 신앙적으로는 유자이면서도 불교를 신봉한 부친과는 분명한 차이를 보이는 인물이었다.

| 거창군 위천면 동계 정온 선생의 생가

　정습인의 집안은 증조부가 국자박사, 조부와 부친이 국자진사, 아들 정전이 과거에서 장원으로 급제한 고려말의 대표적 등과유신(登科儒臣) 가문이었다. 그리고 16세기 퇴계와 남명의 학맥을 하나로 종합해서 읽을 수 있게 하는 인물로 평가 받는 동계 정온(鄭蘊)은 그의 6대손이었다. 그의 사상은 스스로 저작물을 남기지 않아 종합적으로 평가하기에는 한계가 있다. 그가 위화도 회군 이후 정계에서 어떤 정치적 태도를 취하였는지는 알기가 어렵다. 다만 『목은문집』과 『고려사』가 전하는 그에 대한 일화들을 보면 삶의 현장에서 벌어지는 '유불교체기(儒佛交替期)'의 실상들을 구체적인 사례로 보여준다. 그는 고려말 주자성리학의 보급에 앞장선 실천가

였던 것이다.

참고문헌

『목은집(牧隱集)』.
『고려사(高麗史)』.
『고려사절요(高麗史節要)』.
『동계집(桐溪集)』.
배상현, 『고려후기사원전연구』, 국학자료원, 1998.
도현철, 『고려말 사대부의 정치사상연구』, 일조각, 1999.
이희덕, 「고려후기의 사상과 문화」, 『신편 한국사(21)』, 국사편찬위원
　　회, 2003.

정절의 논란 속에서 면화를 꽃피운, 문익점(文益漸)

_안순형

한반도에 목화를 전래했던 문익점(1331~1398)은 그가 생존할 때부터 현재까지 사람들의 많은 칭송을 받았다. 원나라 사행(使行)에서 가져온 몇 알의 목화 씨앗이 지배층뿐만 아니라 최하층 피지배층의 의(衣)생활에도 대변혁을 불러 일으켰다. 이로 말미암아 그는 여말선초의 정치·사회적 혼란 속에서 추락된 입지를 재개할 수 있었고, 조선에서도 꾸준히 칭송받았다.

| 산청 목면시배유지 소장의 충선공 문익점의 영정

문익점의 생애

문익점의 행적은 『고려사』, 『조선왕조실록』 등의 관찬사서 뿐 아니라 『점필재집』, 『성호사설』 등 개인문집에도 20여 건이 보인다. 또한, 1440년 세종 때 남지(南智)가, 1457년 세조가 직접 지어 내렸던 '제문(祭文)'이 있고, 증손자인 문치창(文昌)이 1464년에 편찬한 『가전(家傳)』과 1563년 이황이 지은 「효자비각 기문」 등도 있다.

이 자료들을 종합해 보면 그는 1331년(충혜왕 1)에 진주 강성현(江城縣, 현재 경남 산청)에서 태어났다. 초명은 익첨(益瞻)

216

이고, 자는 일신(日新)이며, 호는 삼우당(三憂堂)이고, 시호는 충선공(忠宣公)이다. 본관은 전남 남평이고, 고려 무신집권기 때 문신으로 강직했던 문극겸(文克謙)의 8대손이라 전한다. 극겸의 4대손인 득준(得俊)에 대해 '예부상서 봉강성백 시의안(禮部尙書封江城伯諡毅安)'이라 한 것을 보면, 문익점일가는 이때부터 강성현에서 생활했던 것을 짐작할 수 있다. 『국조문과방목』에 의하면, 증조부는 검교군기감을 지낸극겸(克儉)이고, 조부는 봉익대부 삼사우사 문한학사를 지낸윤각(允恪)이다. 부친은 과거에 급제는 했지만 벼슬길에 나가지 않았던 숙선(叔宣)이고, 외조부는 영동정(領同正)을 지낸함안 조진주(趙珍柱)이다. 그는 숙선의 4자 중에 둘째이고, 팔계 주씨(八溪周氏)와 진양 정씨를 맞아 슬하에 5명의 아들을 두었다.

문익점은 11세에 가정(稼亭) 이곡(李穀), 즉 고려말에 성리학을 널리 펼쳤던 목은 이색의 부친 문하에서 수학하였다. 그는 20세에 향거(鄕擧)로 개경 성균관의 7재(七齋) 중에 1곳인 경덕재(敬德齋)에 들어갔으며, 30세인 1360년(공민왕 9)에는 33명의 합격자 중에 7등으로 급제하였다. 함께 급제했던 인물로는 정몽주·임박(林樸)·이존오 등이 있다. 그는 초임인 김해부사록(金海府司祿)을 거쳐 순유(諄諭)박사·좌정언(左正言)이 되었고, 그 후에 원나라 사신단의 서장관으로 파견되었다. 그는 1364년 말에 귀국했지만 '덕흥군 모반사건'에 연루되었다고 하여 고향인 진주로 낙향하였다.

고향에서 심혈을 기울여 목화를 배양하여 널리 보급한 공로를 인정받아 1375년(우왕 1)에 전의주부(典儀注簿)로 발탁되어, 창왕 때는 좌사의대부(左司議大夫)로 승차하였다. 하지만 1389년 8월에 간관 이준(李懍) 등이 '사전(私田) 부활'이 불가함을 아뢰자, 그는 이색 등과 반대 입장을 취하며 병을 핑계로 서명하지 않았다. 이에 조준(趙浚)이 "문익점은 간쟁하는 절개가 없고, 권세가에 아부한다'고 탄핵하자, 파직되어 사망 때까지 다시는 등용되지 못하였다. 그럼에도 불구하고 그는 목화 전래의 공적으로 사후에 '참지의정부사 예문관제학 동지춘추관사 강성군'으로 추증되었고, 세조 때는 '부민후(富民侯)'에 '충선'이란 시호까지 사여되었다. 조선에서 문익점에 대한 선양은 시간이 지날수록 더욱 심화되어졌다.

| 삼우당선생실기에 수록된 남효온의 목면화기

원나라 사행과 덕흥군의 모반

문익점의 원나라 사행 시기, 덕흥군 모반사건 가담 여부 등에 대한 기록은 차이를 보인다. 원나라는 충선왕을 토번[티벳트]으로 유배 보내고, 충숙왕과 충혜왕의 전위(傳位)와 복위(復位)를 번복하면서 고려의 내정에 깊이 간여하였다. 1348년 충목왕이 붕어하자, 고려에서는 원나라에 강릉대군 왕기(王祺, 공민왕)를 왕으로 세워 줄 것을 거듭 요청했지만 어린 충정왕이 세워졌다. 기(奇)황후 등의 부원(附元)세력은 대도(大都)에서 10여 년 인질 생활을 했던 강릉대군이 그들의 이익에 부합하지 않다고 보았다. 강릉대군은 충혜왕과 충목왕의 붕어 때 왕위를 계승할 기회가 있었지만 부원세력의 반대로 좌절되었다. 이후 충정왕 때 고려 내부에 실정으로 원나라도 부득이 강릉대군을 고려왕으로 책봉할 수밖에 없었다.

기황후 세력과 불화 속에 즉위했던 공민왕은 '조일신(趙日新)의 난'을 통해 고려 조정을 장악하고 반원 색채를 드러내었다. 특히 1356년(공민왕 5)에 기철을 포함한 고려 내부 부원세력을 숙청하고, 쌍성총관부의 공략 등으로 반원의 기치를 내걸자, 반공민왕세력은 기황후를 중심으로 결집하여 첨예한 대립을 보였다. 1359년(공민왕 8)과 1361년의 2차에 걸친 홍건적의 침입으로 고려의 국력이 쇠락하자, 반원정책에 불만을 가졌던 원나라에서는 공민왕을 폐위하고 덕흥군을 옹립하여 고려를 다시 그들의 통제 아래 두고자 하였다.

폐립 음모가 고려에 처음 전해진 것은 제2차 홍건적 침입

으로 복주(福州, 현재 안동)에 피난했던 공민왕이 개경 환도를
위해 청주에 머물 때인 1362년 12월이었다. 공민왕은 이
부상서 홍사범(洪師範)을 서북면체복사로 임명하여 정황을
파악하도록 했으며, 1363년 3월에는 찬성사 이공수(李公遂)
를 원나라에 파견하여 이것을 무마하도록 하였다. 문익점에
대한 가장 빠른 공식 자료인『태조실록』에는 그가 1363년(공
민왕 12) 3월에 "계품사(計稟使) 이공수의 서장관으로 원나라
에 갔다."고 전한다. 하지만 원나라 대도에서 이공수와 함
께 공민왕에 충절을 지켰던 임박도 서장관으로 기록되어 있
다. 이에 대해 국서가 2개(「진정표(陳情表)」,「하평해개적표(賀
平海蓋賊表)」)임으로 서장관도 2명이라는 설과 문익점의 사행
시기를 조정하려는 설이 있다. 정사 이공수의 사행 목적이
공민왕의 폐립을 해결하기 위한 것이고, 또 하나의 서장관
임박은 정사와 함께 공민왕에게 충절을 지켰다. 반면, 문익
점은 자의든 타의든 원나라의 지지를 받았던 덕흥군에게 의
부했던 것으로, 과연 그들과 동일한 사신단이었는가라는 의
문이 있다. 남지가 찬했던 제문에 "객지에서 3년을 먹고 지
냈지만[旅食三載]"이란 문구를 통해서 볼 때, 문익점의 사행
시기를 제2차 홍건적의 난 직후 어느 시점은 아니었던가?

　『태조실록』에는 문익점의 충절에 대한 언급이 없고, 남지
의 제문에는 지조를 언급하면서도 사간원에서 위서(僞書)를
불태웠다고 하고,『가전』에는 충절을 말하면서도 최유(崔濡)

의 간계가 있었다고 하였다. 하지만 『고려사』·『고려사절요』에서는 이공수·임박 등 충정의 인물을 언급하며 문익점은 덕흥군에 의부했던 인물로 기술하였다. 1364년 10월에 공민왕의 복위 조서가 전달되고 난 후에 충절을 지켰던 인물에게 관직이 더해졌지만, 문익점은 고향인 진주로 낙향했다고 한다. 이것은 문익점이 원나라의 강압 여부와 상관없이 덕흥군 모반사건에 연루되었을 가능성을 말해준다.

몇 알의 목화 씨앗, 불멸의 자취를 남기다

목화의 원산지는 인도로, 기원전 3000년경부터 재배되었다고 전한다. 한지(漢地)에는 후한시기 남방 해로를 통해 광동·운남지역에 목화가 처음 전래되었고, 위진남북조시기 고국창(현재 신강성 투루판)에서는 '백첩자(白疊子)'라 불리는 실을 생산할 수 있는 초목이 재배되었다. 이후 목화의 재배지역은 점차 북상하고, 동진(東進)하여 남송말 원대초에는 화중·화북지역으로 확장되었다. 이것은 1273년(지정 10)에 화북지역의 농업을 정리한 『농상집요』에 면화 재배 방법이 소개되어져 있는 것이나, 1289년 4월에 절동·강동 등지에 목면제거사(木綿制擧司)를 설치하여 백성들에게 목면을 수송하도록 했다는 것에서도 알 수 있다. 이보다 90년쯤 후에 문익점이 원나라에 사행 갔을 때 대도 부근에 면화가 재배되고 있었던 것을 짐작할 수 있다.

한반도에서 면(綿)에 대한 기록은 삼국시대부터 보인다. 670년에 무문왕이 안승(安勝)을 고구려왕에 봉하며 면 15칭

(稱)을 준 것, 869년(경문왕 9)에 당나라에 신라 특산품인 40 승백첩포(四十升白㲲布)를 진상한 것이 대표적 사례이다. 이 것이 한반도 내에서 생산된 것인지 알 수 없지만, 대단한 귀 중품인 것은 분명하다. 면제품은 상층지배층만 향유했던 희 귀품으로, 백성들은 문익점의 목화 씨앗 전래로 직접 재배 하면서 가능하게 되었다. 문익점이 목화 씨앗을 전래했다는 것에는 모두 의견이 일치하지만, 전래지와 시배지에 대해서 는 차이를 보인다. '강남전래설'은 덕흥군 모반사건을 전후 한 문익점 사행길의 고난, 그의 공민왕에 대한 충절 등을 강 조하는 측의 주장이다. 이 설은 『태종실록』에 수록된 권근의 "처음 강남에 들어가 목면 종자를 몇 개를 가지고 와서"라는 상소문에 처음 보이는 것으로, 목화 전래 사실만을 전한다. 이후 시간이 지나면서 『가전』 등에는 목화 전래에 대한 그의 공적을 강조하기 위하여 '나라에서 반출을 금지하는 품목', '씨앗을 붓대롱에 숨기'는 등의 극적인 모습이 추가되었다. 반면, '대도전래설'은 당시 화북의 대도에는 이미 목화가 재 배되었고, 덕흥군 모반사건에서 충절을 지켰다고 사사되거 나 원지(遠地)로 유배된 것은 문익점 외에는 보이지 않는다. 『태조실록』에서는 강남설과는 달리 길을 지나다가 목면을 보고, 그 씨앗 몇 알을 따서 주머니에 넣어 가져왔다고 전한 다. 당시 양국간의 교류 상황으로 볼 때, 90년쯤 전에 발간 된 『농상집요』는 이미 고려에 유입되었을 것이고, "몸소 농 사를 짓고"라는 조준의 탄핵문처럼 농사에 익숙했던 문익점 은 이 책을 보았을 가능성이 충분하다. 따라서 사행의 귀로

에서 목화를 보았을 때 그 가치를 알고 씨앗을 가져올 수 있었을 것이다.

| 산청 목면시배유지의 삼우당 문선생 면화 시배 사적비

　씨앗의 배양 및 면직물의 생산에 대해서도 이견이 있다. 『태조실록』·『고려사』 등에는 1364년 진주로 낙향한 문익점이 장인 정천익(鄭天益)에게 씨앗의 절반을 주어 제각기 배양하였다. 그가 심은 씨앗은 모두 고사한 반면 정천익은 간신히 1뿌리를 배양하였고, 3년 후에는 향리 주민에게 나누어줄 정도가 되었다. 또한, 정천익은 호승(胡僧) 홍원(弘願)을 통해 취자차(取子車, 씨를 제거하는 것)·소사차(繅絲車, 실을 뽑는 것) 등의 도구까지 제작하였다며 그의 공적을 높이 평가한다. 반면에 『가전』에서는 정천익과 씨앗을 나누어 배양했다는 내용은 없고, 배양에 성공했던 주체도 문익점으로 전한다. 또한 정천익이 취자차를 만들었지만, 실을 뽑는 도구는

손자인 문래(文萊)가, 직조법은 문영(文英)이 만들었다면 문씨일가의 공적을 강조한다.

이런 논란에도 불구하고 문익점은 목화 씨앗 전래로 백성의 의생활에 불멸의 자취를 남겼고, 국가의 경제 유통에도 지대한 영향을 미쳤다. 조선초기부터 조정에서는 그의 관작을 추증하고, 서원을 건립하였다. 율곡과 남구만 등은 그를 중국 농업의 신인 신농씨와 후직, 잠업을 가르친 태공(太公) 등에 비유하며 선양하였다. 토정 이지함도 당시 민간의 여인들이 가내 평안이 강성군 덕택이라며 그에 대한 제사를 지낸다고 하였다.

참고문헌

『고려사』,『고려사 절요』.

김성준, 「문익점과 목면전래의 역사적 배경」, 『동방학지』 77-79, 1993.

김형수, 「공민왕 폐립과 문익점의 사행」, 『한국중세사연구』 19, 2005.

홍건적과 왜구 물리쳐 삶의 터전 지키다

백척간두에서 고려를 구한 이방실(李芳實)_이종봉
대마도 정벌의 명장, 박위(朴葳)_김광철
원나라 황제도 인정한 신궁(神弓), 황상(黃裳)_안순형

X. 홍건적과 왜구 물리쳐 삶의 터전 지키다

백척간두에서 고려를 구한 이방실(李芳實)_이종봉

이방실은 무신으로 고려후기에서 오늘날에 이르기까지 '소위 삼장수(三將帥)'로 세상에 널리 알려진 인물이고, 조선시대에 편찬된 지리지 인물조에 함안군의 대표적인 인물로 기록되어 있다. 그의 본관은 함안인데, 조선전기의 『세종실록(世宗實錄)』 지리지와 『동국여지승람(東國輿地勝覽)』의 성씨조에 '이(李)·조(趙)·채(蔡)·윤(尹)·유(劉)·정(鄭)' 등의 여러 성씨와 함께 토성으로 기록되어 있다. 이에 그의 선대는 함안지역의 토착세력이었음을 알 수 있다.

| 충열공 이방실장군 동상(함안군 가야읍 함안공설운동장앞)

그의 가계와 어린 시절

그는 함안 병곡 두봉산 하내동(현 여항면 내곡리)에서 어버지인 이원(李源)과 어머니 신씨(辛珣의 딸) 사이에서 충렬왕 24년(1298)에 태어나서 공민왕 11년에 소위 '삼원수(三元帥)'인 안우(安祐)·김득배(金得培)와 함께 살해되면서 생을 마감하였다. 부는 이원(李源)으로 『고려사』와 『함주지』를 종합하면 고종 45년(1258) 국자감시에 장원으로 합격하였고, 여러 관직을 거쳐 최종관직은 판도판서(版圖判書)였고, 특히 흥왕사 별감으로 있을 때 제국대장공주의 겁령구(사속인)인 차신이 흥왕사 비(婢)의 역을 면제해 달라는 청탁을 거부하자, 구타를 당할 정도로 강직한 면모를 보였다. 어머니 신씨는 본관은 영산이고, 공양왕의 종숙인 왕환(王環)의 처남으로 공민왕 12년 기해격주홍적공신으로 책봉된 신순(辛珣)의 딸이다. 조부는 이상(李尙)으로 자세한 행적은 알 수 없다.

이방실에 대해는 『고려사』·『고려사절요』, 성현(成俔)의 『용재총화』 등을 비롯한 여러 자료에 기록되어 있어서, 그의 활동상을 자세하게 파악할 수 있다. 그와 누이동생의 어린 시절의 활동은 『용재총화』에, 논 한가운데서 한발의 화살로 비둘기 한 쌍을 명중시킨 것과 저녁에 도적이 마굿간에서 쏜 화살을 모두 손으로 잡은 일화와 함께, 이방실이 올라가면 나뭇가지가 살짝 움직였지만, 누이동생이 올라가면 움직이지 않았을 만큼 날렵함을 자랑한 일 등이 서술되어 있다. 성현이 이방실과 그의 누이동생의 뛰어난 능력에 대해 무엇을 근거로 무용담으로 기록하였는지 알 수 없지만, 이 같은 내용들이 구전되어 왔거나 무엇에 근거하여 작성하였을 것으로 유추된다. 이방실은 어렸을 때부터 무인적 기풍을 지녔고, 사동과 말을 소유한 점을 고려하면 지역의 토착세력으로 경제적 여유가 있었음을 알 수 있다.

왕의 측근으로 관인생활을 하다

이방실이 어떻게 관인이 되었는지 뚜렷한 기록은 보이지 않는다. 이방실은 충목왕(1344~1348) 때 왕을 따라 원에 들어가서 공을 세웠다고 하였다. 이방실이 원에 들어간 시기를 정확하게 알 수 없지만 충목왕의 세자 때 시종 신료로 갔다가 충혜왕(1344.1)이 갑작스럽게 죽자, 충목왕이 왕으로 즉위하였을 때 돌아왔을 것이며, 그때의 공로를 인정받아 중낭장(中郞將)에 임명되었다. 그런데 『안동선생안』과 『원수이공실기』에 이보다 먼저 충숙왕 복위 6년(1337) 복주(안동)사록에 임명되어 2년 후에 교체되었다고 하므로 그가 처음 받은 관직은 정5품 중낭장이 아니었고, 다른 관직이 있었을 것이다. 그때 그는 문산계인 통덕랑에 있었다.

얼마 후 이방실은 정4품 호군으로 승진하였고, 토지 100결을 하사받았다. 원간섭기 국왕은 측근의 문무 관인에게 토지를 자주 하사하였는데, 이방실이 그런 토지를 받은 것은 왕의 측근이었음을 대변해 주고, 왕의 신임을 받은 인물이었음을 말해준다. 이때 그는 무관직에만 있었던 것이 아니고, 백가지 일로 사사로운 욕심을 부린 강윤충(康允忠)을 탄핵하였을 때 간관(諫官)으로서 이제현·박충좌 등과 함께 참여하였다가 강윤충의 모략에 의해 관직에서 물러나기도 하였다. 간관은 문반 중에서도 청요직이었다. 이방실은 무문에서 문반으로 옮긴 것으로, 이는 매우 특이한 경우이다. 아마도 이방실은 왕의 측근세력이었기 때문에 가능하였을 것이다. 비리를 자행하는 강윤충의 탄핵에 이제현 등과 함께 하는 모습을 통해 충목왕과 함께 개혁세력의 입장에 있었다고 생각된다.

그런데 충목왕이 13세의 나이로 갑작스럽게 세상을 떠나고, 왕의 이복동생인 충정왕이 즉위하자 이방실에게도 정치적 시련이 다가왔다. 충정왕은 즉위 후 충목왕 때의 개혁적인 인물들인 이제현과 이곡(李穀)이 물러나는 등 많은 인물들을 관직에서 배재시켰는데, 이방실의 활동이 보이지 않는 것도 그런 이유 때문일 것으로 생각된다.

| 이방실 장군의 위패를 모신 남강서원 입구 모습(함안군 군북면)

홍건적 격퇴의 중심에 서다

충정왕이 물러나고 공민왕이 즉위를 하자 이방실은 본격적으로 여러 전투에 참가하였는데, 공민왕 3년 종 3품의 대호군으로 옮겨졌다. 그때 선성(평안북도 선천)의 다루가치 노연상(魯連祥)이 반란을 일으키자 용주의 군사를 이끌고 이들을 진압하였고, 그 해에 원의 승상 톡토[脫脫]가 고우성(高郵城)에 주둔하여 강남 반란군인 장사성(張士誠)을 토벌하기 위해 남정군을 조직하였을 때 유탁(柳濯)·염제신(廉悌臣) 등과 함께 평양에서 2,000명의 군사를 이끌고 출전하였다. 이방실은 고려군과 함께 장사성의 본거지를 공격하였을 뿐만 아니라 육합성(六合城) 등의 여러 성을 공격하여 전과를 올렸지만, 이권(李權)·최원(崔源) 등의 장수를 잃는 아픔을 겪었고, 최영(崔瑩) 장군도 창에 맞아 부상을 입기도 하였다.

14세기 중반 중원에서는 농민군의 한 세력인 붉은 색 두건을 쓰고 다닌다고 하여 홍건군이 등장하였다. 이들은 원의 수도를 공격하다 원군의 반격을 받았는데, 이들 세력의 일부가 고려를 공격하였다. 이때 고려는 공민왕 6년부터 홍건적의 침입을 예상하여 방어대책을 수립하였는데, 공민왕 7년 안우를 안주군민만호부만호(安州軍民萬戶府萬戶)로 삼고 김원봉(金元鳳)을 부만호(副萬戶)로 삼았으며, 경천흥(慶千興)을 서경군민만호부만호(西京軍民萬戶府萬戶)로 삼고 김득배를 부만호로 삼았으며 이방실을 편비(偏裨: 부장)로 삼아 안주와 서경의 방어선을 구축하였다.

홍건적은 공민왕 8년 12월에 첫 번째 압록강을 건너 철주를 침입을 해 왔다. 고려는 수문하시중 이암(李嵒)을 서북면 도원수와 김득배를 서북면 도지휘사로 삼아 지휘부를 편성 하였는데, 이때 이방실은 안우(安祐)와 함께 이들을 인주·정 주 등으로 퇴각을 시켰다. 그런데 홍건적은 철주에 기습을 하여 고려군을 놀래키기도 하였고, 선주를 점령하기도 하 였다. 이듬해인 1월 상장군 이방실은 철화(鐵化)에서 홍건적 100여명을 죽였고, 2월에 안우(安祐)와 함께 옛 선주(宣州) 까지 추격하여 수백 급을 베었지만, 나머지를 압록강 너머 로 퇴각시켰다. 이때 이방실이 상장군으로 관직이 변화되었 는데, 홍건적 침입에 대한 그의 역량을 엿볼 수 있다.

홍건적의 1차 침략 때 이방실은 안우·김득배 등과 홍건적 을 물리치는데 큰 역할을 하였다. 공민왕은 그해 3월 안우 (安祐)에게 추충절의정란공신(推忠節義定亂功臣) 중서평장정사 (中書平章政事), 김득배(金得培)에게 수충보절정원공신(輸忠保節 定遠功臣) 정당문학(政堂文學), 이방실(李芳實)에게 추성협보공 신(推誠協輔功臣) 추밀원부사(樞密院副使) 등의 공신호와 관직 을 주었다. 이때 공민왕은 여러 신하들에게 연회를 베풀었 는데, 이방실에게 특별히 옥대(玉帶)와 옥 갓끈을 내려 주었 다. 공주가 말하기를, "전하께서는 어찌 지극한 보물을 아 끼지 않으시고 다른 사람에게 주십니까."라고 하였다. 왕이 말하기를, "우리 종묘와 사직이 폐허가 되지 않게 하고, 백 성이 어육(魚肉)이 되지 않게 한 것은 모두 이방실의 공입니 다. 내가 비록 살갗을 떼어서 그에게 주더라도 오히려 다 갚 을 수가 없거늘, 하물며 이 물건을 아까워하겠습니까."라고 하였다는 것은 공민왕이 이방실을 어떻게 생각하고 있는지를 잘 알려준다.

홍건적의 2차 침략

이방실은 홍건적의 2차 침략(공민왕 10년, 1361~1362)과정에서도 많은 능력을 발휘하였다. 이때 홍건적은 20만 대군을 이끌고 침략하였기 때문에 강력하였다. 이방실은 홍건적의 2차 침략 때 안우·김득배와 함께 서북면 도지휘사에 임명되었는데, 1차 침략 때의 능력을 발휘한 인물들이었다. 이방실은 11월 홍건적이 많아 군사를 거두어서 순주(順州)·은주(殷州)·성주(成州) 세 주와 양암현(陽巖縣)·수덕현(樹德縣)·강동현(江東縣)·삼등현(三登縣)·상원현(祥原縣) 다섯 현의 민과 곡식을 절령의 목책으로 옮겨 전략적으로 임했고, 판사농사 조천주(趙天柱), 좌승 유계조(柳繼祖), 대장군 최준(崔準) 등에게 박주(博州)에서 홍건적을 공격하여 격파하였고, 지휘사 김경제(金景磾)와 더불어 개주(价州)에서 적을 공격하였고, 또 직접 기병 100기를 이끌고 연주(延州)에서도 홍건적을 공격하여 전과를 올렸다.

그해 11월 홍건적은 대병력으로 청천강을 넘어 기습공격을 펼치자 고려는 이에 극력 저항하였지만 상장군 이음(李蔭)과 조천주가 전사하고, 지휘사 김경제가 포로로 잡히는 아픔을 겪었다. 고려는 참지정사 정세운(鄭世雲)을 서북면 군용체찰사로 절령에 방어선을 구축하였고, 평장사 이공수(李公遂)에게는 죽전(竹田)으로 예비 병력을 보내어 절령 방어선이 무너질 경우를 대비하였다. 하지만 고려군은 홍건적의 거센 침략을 견디지 못하고, 개경으로 퇴각하였다. 고려는 수도인 개경의 방어도 장담할 수 없는 상황에 이르자 국왕과 조정은 파천을 준비하였다. 개경의 민심은 흉흉하였다. 왕이 도성을 떠나려 할 때 이방실은 김용·안우 등과 함께 달려와서 경성을 지키지 않으면 안 된다고 하였으며, 이때 최영도 더욱 통분하여 크게 소리쳐 말하기를, "원컨대 주상께서 잠시 머물면서 장정들을 모집하여 종묘사직을 지켜야합니다."라고 하여 파천에 반대하였지만, 재신(宰臣)들이 서로 돌아보며 말이 없었다. 결국 홍건적은 개성을 함락시켰고 이듬해인 공민왕 11년 1월 중순에 이르기까지 온갖 만행을 자행하였다.

고려는 다시 20만의 대병력을 확보하고, 정세운을 총병관으로 임명하여 반격을 준비하였다. 1월에 이방실은 안우·황상(黃裳)·한방신(韓方信)·이여경(李餘慶)·김득배·안우경(安遇慶)·이구수(李龜壽)·최영 등과 함께 군사 20만을 거느리고 동교(東郊) 천수사(天壽寺) 앞에 주둔하였고, 개경을 탈환하는 과정에서 홍건적 10만을 살해하는 전과를 올리는데 기여를 하였다. 공민왕은 홍건적의 2차 침략 격퇴 후 여러 장수에게 옷과 술을 하사한 후 이방실에게 정2품의 중세평장사(中書平章事)란 직을 주었다.

| 이방실장군 유허비(남강서원 앞)

비운을 맞았지만, '삼원수(三元帥)'로 기억되다

이방실은 홍건적의 침략을 격퇴하는 과정에서 많은 전공을 세웠다. 조정 내에는 총병관 정세운과 공민왕의 측근인 김용의 갈등이 있었다. 김용(金鏞)이 공민왕의 교지를 위조하여 조카인 김림(金琳)을 시켜 안우·이방실에게 정세운을 살해하게 하였다. 공민왕은 안우와 이방실이 정세운을 죽인 죄를 물어 안우와 이방실을 처형하게 하였다. 결국 이방실은 안우·김득배와 함께 삶을 마감하였다. 결국 홍건적의 침략이라는 고려 국가의 위기 과정에서 활동한 총병관 정세운과 삼원수인 안우·김득배·이방실의 죽음은 전공과 관련한 공민왕의 의구심, 조정 중신과 최고위 장수들 사이의 대립과 갈등이 함께 얽혀 있을 것이다.

한편 이방실은 고려말 이후 안우·김득배와 함께 '삼원수'

234

란 이름으로 명명되었다. 이러한 이방실의 '삼원수'에 대한 인식은 긍정적으로 보는 입장과 부정적인 입장이 있다. 목은 이색(李穡)은 '죄삼원수교서'에서 정세운과 삼원수의 죽음을 두고 정세운보다는 '삼원수'에게 죄가 있다고 하였고, 반면 윤소종(尹紹宗)은 서연에서 소를 올렸는데, 발에 이르기를, "…병신(1356)·기해(1359)·신축(1361)·계묘년(1363)의 난세에, 조정의 지휘는 곧 홍언박(洪彦博)과 여러 공이 맡았고, 전선에서의 방어는 이방실을 비롯한 안우·김득배·최형 등 여러 장군과 재상들이 있었으니, 그 혁혁한 명성을 온 백성이 보고 들은 바 있습니다."고 하였고, 방사량(房士良)은 11사의 시무책을 올리면서 "'공신의 기는 만세토록 사직을 지탱하는 주춧돌이요, 충의로운 기풍은 만세토록 난적을 꺾어버리는 부월(鈇鉞)입니다. 원컨대 지금부터 왕실에 공이 있고 사직에 충성을 바쳤으나 불행히도 형벌을 당하여 목숨이 손상된 데 이르게 된 안우·이방실·김득배 등과 같은 인물들은 관품을 올려주고 포상하며 증직을 내리고, 특별히 소뢰(小牢)의 제사를 하사하여 그 곧은 혼을 위로하소서."라고 하자, 왕이 깊이 받아들였다.'고 기록하고 있다. 따라서 이방실에 대해서는 고려말 이후 부정적 입장도 있지만, 긍정적 입장에서의 평가도 많았음을 알 수 있다. 이와 같은 이방실에 대한 입장은 조선 건국 이후에도 그 기조가 유지되었다.

단종 즉위년(1452) 12월 왕씨의 제사를 받들 때 3원수의 이방실을 비롯한 고려의 여러 인물을 함께 제사하겠다고 하였고, 문종 2년(1452)에는 고려의 4왕(태조·현종·문종·원종)에 대해 제사지내는 사당의 이름을 '숭의전(崇義殿)'으로 개명하였는데, 나중에 고려의 문신과 무신들을 배향하였을 때 고려말 삼원수 중에 하나인 이방실도 함께 배향하였다. 이방실을 비롯한 여러 인물을 숭의전에 배향한 것은 이들이 고려에 충성을 다한 인물들이었지만, 조선에서도 충의의 인물들을 귀감으로 삼고자 하는 의도였다. 그런데 숭의전의 향사는 세조대 이후 왕씨 만을 대상으로 하게 되었다. 이방실 등의 무인을 위해 무묘(武廟)를 설립하여 이들을 숭배하여야 한다는 운동이 일어났지만, 무묘의 설립은 일부 문신의 반대로 성공하지 못했다.

한편 지역에서는 이방실 장군을 배향하기 위해 남강사를 설립하였는데, 후에 이름을 남강서원으로 바꾸어서 계속 향사하고 있다. 앞의 사진에서 알 수 있는 것처럼 남강서원은 1999년 정부에서 많은 예산을 들여 새롭게 단장하였다.

| 이방실 장군의 위패를 모신 서원(함안군 군북면)

이처럼 고려 말 홍건적 격퇴의 공신인 이방실은 그의 육체는 사라졌지만, 그의 정신이 계속 이어지고 있다.

참고문헌

『고려사』·『고려사』, 『용재총화』, 『동아일보』.

이익주, 「고려 공민왕대 정국의 추이와 이방실 장군」, 『함안의 인물과 학문(Ⅵ)』, 2016.

홍영의, 「이방실 장군의 생애와 군사활동」, 『군사』 103, 2017.

이종봉, 「고려 이방실 장군의 현창과 지역사회」, 『지역과 역사』 41, 2017.

대마도 정벌의 명장, 박위(朴葳)_김광철

"우리나라에 들어와서는 박위(朴葳)라는 사람이 있다. 왜구가 황산(黃山)을 침범하여 김해의 남포(南浦)까지 육박하자 당시 김해 부사였던 박위는 용감하게 떨치고 일어나 적을 공격하니 적이 심각한 타격을 입고 대부분 익사하여 마침내 성을 온전히 지켰다. 또 전함 100척을 거느리고 가서 대마도를 토벌하여 왜선(倭船) 300척을 불태우고 우리 포로 100여 명을 귀환시켰다."(『동강유집』제16권, 별록, 밀양지)

가계와 벼슬살이

박위(?~1398)의 가문인 밀양박씨는 고려 중기부터 관료를 배출하기 시작하여 고려 말이 되면 수많은 인물이 벼슬길에 나섰다. 밀양박씨 출신 가운데 고려전기에 뚜렷하게 활동한 것으로 확인되는 인물은 박의신(朴義臣)이 유일하다. 그는 인종 13년 묘청난이 발생했을 때, 이를 진압하는 데 참여하였으며, 인종 22년에는 금나라에 사신으로 갔다온 바 있다. 그러나 대부분의 인물들은 무인집권기 이후, 특히 원간섭기 이후가 되어야 중앙 정계에 진출한 것으로 보인다. 이들은 중앙정계에 진출하기 이전까지 밀양지역의 재지세력으로 남아 있었을 것이다.

박위의 할아버지는 전법판서를 지냈다고 하는 박천명(朴天命)이며, 아버지는 대제학을 역임하고 충목왕대 개혁정치기구인 정치도감(整治都監)의 정치관으로 활동했던 박광후(朴光

238

厚)이다. 어머니는 찬성사를 역임한 안동김씨 김영휘(金永暉)의 딸이다. 안동김씨는 당시 문벌가문으로서 김영휘의 형인 김영돈(金永旽)은 정치도감의 판사가 되어 당시 개혁정치를 주도하였다.

| 박위를 기리기 위해 세운 신남서원(밀양시 무안면 정곡리)

| 신남서원 전경

박위는 공민왕대에 우다치[亏達赤]에 소속되어 벼슬살이를 시작했다. 우다치는 몽골제국의 케시크[怯薛]제의 영향을 받아 설치된 숙위기구라는 점에서 박위의 벼슬은 무반에서부터 시작되었다고 볼 수 있다. 우왕대에는 주로 지방관으로 나가 왜구 토벌에 전념하였다. 우왕 3년 김해부사를 역임했고, 우왕 11년에는 경상도 도순문사(都巡問使)로 재직하면서 왜구를 격퇴했다.

우왕 14년(1388) 4월 요동정벌이 시작되자 박위는 경상도 상원수(上元帥)의 지위로 좌군도통사(左軍都統使) 조민수(曺敏修) 휘하로 출병하였다가 위화도 회군에 참여하였다. 요동정벌에 참전했던 박위는 회군 이후에도 경상도 도순문사의 직위를 그대로 유지하면서 왜구토벌에 매진했다. 창왕 원년(1389) 11월에는 공양왕 옹립을 주도함으로써 이른바 9공신의 대열에 올랐으며, 공양왕 즉위 후 박위는 판자혜부사에서 지문하부사(知門下府事), 문하평리(門下評理)로 자리를 옮기는 등 그 지위의 신장을 가져왔다. 그러나 새 왕조의 개창을 주도하고 있던 이성계파의 의도와 다른 입장을 보임으로써 숙청의 대상이 되어, 공양왕 2년(1390) 11월 풍주로 유배되었다가 3년 9월 지방으로 거주지를 제한당하였다.

조선 건국 후 태조 2년(1393) 3월에는 다시 소환되어 절제사의 직함으로 양광도에서 왜구 침입을 방어하고, 전함의 건조를 감독하는 한편, 군사를 점검하여 군적을 작성하는 일을 담당하였다. 그 공로로 참찬문하부사로 기용되었는데, 태조 3년 1월 '왕씨 모의'에 연루되었다 하여 순군옥에 체포 수감되었다. 태조의 명에 따라 박위는 곧 석방되어 정무를 보았으나 대간과 형조의 계속되는 처벌 요청에 따라 같은 해 3월 27일 파면당하게 된다. 9월에 가서 서북면 도순문사로 파견되어 복직되지만 얼마없어 9월 19일에 대간의 파직 요청에 따라 다시 파면되었다. 박위는 파면된지 3년만인 태조 7년 1월 7일에 참찬문하부사로 복직되지만, 같은 해 8월 26일 정안군(靖安君) 이방원이 주도한 '제1차 왕자의 난'에서 정도전, 남은 등과 함께 참수당했다.

왜구를 토벌하고 대마도를 정벌하다

박위가 왜구 토벌에 참전하기 시작한 것은 우왕 3년 4월 김해부사로 재직하고 있을 때부터이다. 이 때 박위는 황산강(黃山江) 어귀에서 왜구 29급을 목베고 수많은 적을 강에 빠져 죽게 하는 전과를 올렸다.

| 황산강 구간의 낙사(落沙) 부근의 전경

왜구의 침입은 우왕대에 더욱 극성을 부렸다. 공민왕 23년(1374) 4월에 왜구는 350척의 선단을 이끌고 합포(合浦, 지금의 경남 창원시 마산합포구)를 침입하여 군영(軍營)과 병선(兵船)을 모두 불태우는 한편, 5천여명의 군사를 살상하고 많은 재물을 약탈한 바 있다. 우왕 즉위년 12월에 왜구는 밀양을 침범하여 관청을 불사르고 사람과 재물을 노략질하였으며, 이어서 우왕 1년(1375) 11월에는 밀양, 김해, 대구 지역 등을 침범하였다. 먼저 왜적이 김해부를 침범하여 사람과 짐승을 죽이고 노략질하며 관사를 불사르자 도순문사 조민수(曹敏修)가 이에 맞서 싸우다 패전하고, 대구현(大丘縣)에서도 패전하여 아군의 많은 사상자를 낳았다. 왜구는 다시 수십 척의 선단을 이끌고 김해로부터 황산강을 거슬러 올라 밀양을 침범하였다. 이 전투에서는 조민수가 요격하여 수십 급(級)을 참살하는 전과를 거두었으며, 우왕은 이에 사신을 보내 조민수에게 옷과 술과 말을 하사하기도 했다.

우왕 2년 11월에는 경상도 연안 지역이 거의 왜구의 침탈 대상이 되고 있었다. 왜구는 오늘날 거제도 지역인 명진현(溟珍縣)을 침범한 후, 또 함안·동래·양산·언양·기장·고성·영선(永善) 지역 등을 침범하여 불태우고 노략질하였다. 남해 연안지역에 대한 왜구의 침탈은 이 해 12월까지 계속되었다. 12월 왜구는 합포의 군영을 불사르고, 양주와 울주 두 고을과 의창·함안·진해·고성·반성·동평(東平)·동래·기장 등의 고을을 노략질하고 불살랐다. 우왕 3년 3월에 접어들어 남해 연안지역에 대한 왜구의 공세는 더욱 강화되고 있었다. 이는 우인열(禹仁烈)의 다음과 같은 보고에서 잘 드러나고 있다.

왜적이 대마도로부터 바다를 덮어 와서 돛과 돛대가 서로 이어질 정도입니다. 이미 군사를 보내어 요해처를 나누어 지켰으나, 적이 형세가 성대하고 방어할 곳이 많아서, 한 도의 군사로써 나누어 지키기에는 형세가 심히 위태롭고 약하니, 조전원수를 보내어 요해처를 방비하게 하소서.(『고려사절요』 권30, 우왕 3년 3월)

우인열의 보고와 같이 이 때 왜구는 대마도로부터 '바다를 뒤덮고 돛과 돛대가 이어질' 정도로 대선단을 이끌고 남해 연안지역을 공격해 왔다. 우인열은 요해처에 군사를 파견하여 방어에 대비했으나 왜구의 규모에 비해 경상도의 군사가 적었기 때문에 형세가 위태롭다고 여겨 중앙정부로부터 조전원수의 파견을 요청하였다. 그러나 왜구가 수도 개경까지 밀어닥치고 있는 실정이어서 중앙정부로서는 우인열의 요청을 받아들이기 어려운 상황이었다.

이렇게 제대로 방어시설을 갖추지 못한 체, 경상도 연해지역은 왜구 침탈의 대상이 되고 있었다. 왜구는 우왕 3년 4월 먼저 울주와 경주를 침범한 후 다시 울주와 김해를 공격하는데, 이 때 우인열은 울주에서 왜구 9급을 참살하고, 김해부사 박위는 황산강 어귀에서 29급을 베는 한편, 많은 수의 왜구를 강에 빠져 죽게 하는 전과를 올렸다. 그러나 이

달에 왜구는 다시 울주·양산·밀양을 침범하여 이 곳을 거의 다 불사르고 노략질하였으며, 또 언양을 침범하였다.

박위의 왜구 토벌은 우왕 3년 5월의 황산강 전투에서 빛나는 전과를 거두었다. 왜구는 김해 남쪽 포구에 50척의 선단을 정박시켜놓고서 이곳으로부터 황산강을 거슬러 올라 밀양을 공략할 계획을 세우고 있었다. 왜구의 이 계획은 박위의 활략으로 저지되었다. 이 정보를 입수한 박위는 황산강 양 언덕에 군사를 매복시키고 수군 30척을 거느려 기다리고 있다가 왜선이 강 어귀로 들어오자 일제히 공격하여 이들을 섬멸시켰다.

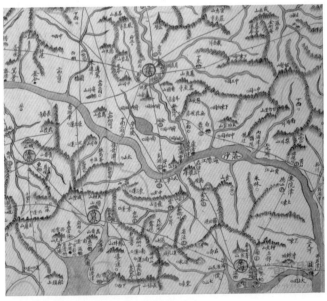

| 황산강 인근 김해 · 밀양 등지의 지역도(동여도)

왜구 토벌에 대한 박위의 활략상은 이 후에도 계속되어, 우왕 11년 11월 경상도 도순문사의 직위에 있으면서 왜구 14급을 목베었고, 창왕 즉위년(1388) 8월에는 안동 원수 최단(崔鄲)과 함께 상주 중모현(中牟縣) 전투에서 왜구를 격퇴했다. 같은 해 9월에는 고령현에서 왜구를 격퇴하여 35급을 목베었다. 창왕 원년 8월에는 경상도 도절제사의 지위로 왜적의 배 1척을 사로잡고 32급을 목베는 전과를 올렸다.

한편, 박위는 왜구의 근거지로 지목된 대마도(對馬島) 정벌을 주도했다. 창왕 1년 2월 박위는 전함 100척을 거느리고 대마도 공략에 나서, 왜구의 점함 300척을 불사른 다음, 상륙하여 왜구의 막사를 모두 불살라 없애 버렸다. 뒤이어 원수 김종연(金宗衍)·최칠석(崔七夕)·박자안(朴子安) 등이 거느린 지원 부대가 당도하여 왜구에게 포로가 되었던 고려인 남녀 100여 명을 되찾아 가지고 돌아오는 성과를 거두었다.

박위의 대마도 정벌은 이제까지 국내로 침탈한 왜구를 방비하고 토벌하는 수세적 입장에서, 왜구의 근거지를 직접 공격하는 공세적 입장으로 전환한 것이라는 점에서 그 의의를 가지고 있다. 창왕은 승전하여 돌아온 박위 등에게 의복과 안장 갖춘 말, 은정(銀錠)을 하사하는 한편, 다음과 같은 내용의 교서를 내려 치하하였다.

우리 조정이 태평한 시절을 오래 지나다보니 군사적 방비가 점점 해이되어 왜구가 방자하게도 노략질을 하게 된 것이 지금까지 40여 년에 이르렀다. 우리 삼면의 변방이 소란스러웠으나 국가에서는 방어에만 힘썼으므로 장수들은 적극적인 정벌에 나서는 것을 주저했으나 그대는 마음에 격분을 품고 정의를 푯대삼아 정벌을 떠났다. 예측할 수 없는 큰 파도를 건너가서 오랜 세월 버텨온 적의 소굴을 뒤엎어 버리고 적의 집과 배를 모두 불태웠으며 포로가 되었던 백성들을 고향으로 귀환시켰으니, 족히 국가의 치욕을 씻고 신민의 원수를 갚게 되었다. 승전보가 처음 왔을 때 나의 마음은 참으로 기뻤다.(『고려사』 권116, 열전29, 박위전)

위화도 회군에 참여하다

우왕 14년(1388) 4월 요동정벌이 시작되자 박위는 경상도 상원수(上元帥)의 지위로 좌군도통사(左軍都統使) 조민수(曺敏修) 휘하로 출병하였다. 같은 해 4월 18일에 10만 대군을 거느리고 평양을 출발한 요동정벌군은 5월 7일에 압록강 하류의 위화도(威化島)에 진입하여 주둔했는데, 그곳에서 압록강의 물이 불어나 강을 건너기 어렵다며 진군을 중단하였다. 5월 13일 우군도통사 이성계와 좌군도통사 조민수는 이른바 '4불가론(四不可論)'을 주장하며 요동 정벌을 중단하고 철병할 것을 요구하였다. 반면에 5월 11일 이성원수(泥城元帥) 홍인계(洪仁桂)와 강계원수(江界元帥) 이의(李嶷)가 먼저 요동 경계에 들어가서 사람을 죽이고 돌아오는 전과를 올리기도 했다.

평양에 머물고 있던 우왕과 최영은 철군을 허락하지 않고 진군을 명령했지만, 5월 22일 이성계와 조민수는 회군을 결행하였다. 5월 24일 회군 사실에 대한 보고를 들은 우왕과 최영은 서경을 떠나 5월 28일 개경으로 돌아와 반격을 준비하였다. 위화도를 떠난 지 9일 만인 6월 1일 이성계와 조민수가 이끈 반란군은 도성 밖에 주둔하면서 왕에게 최영을 제거하라고 요구하였다. 6월 2일 전 밀직부사 진평중(陳平仲)을 보내어 반란군을 회유했으나, 이성계 등은 개경을 함락시키고 우왕과 최영을 사로잡았다.

위화도 회군으로 정권을 장악한 이성계와 조민수는 우왕을 폐위시키고 강화도(江華島)로 유배하였으며, 최영은 고봉(高峰, 지금의 경기도 고양)으로 유배하였다가 처형하였다. 그리고 우왕의 아들인 창왕(昌王)을 왕으로 세웠으며, 조민수는 우시중, 이성계는 좌시중의 지위에 올랐다.

공양왕 옹립을 주도하다

요동정벌과 위화도 회군 이후 조선건국에 이르기까지 이성계파가 집권하는 과정에서 몇차례 국직한 정치적 사건이 발생하였다. 우왕에서 창왕으로 왕위교체, 김저의 옥과 공양왕 옹립, 윤이·이초사건과 김종연 모의사건, 정몽주 살해사건 등이 그것이다. 박위의 정치적 입지는 이같은 정치적 사건이 발생할 때마다 그 대응방식에 따라 지위의 신장을 가져오기도 하고 고초를 겪기도 했다.

창왕 1년(1389) 김저(金佇) 등이 이성계의 제거와 우왕의 복위를 모의한 일이 발각되었다. 이 사건으로 변안렬(邊安烈)·이림(李琳) 등이 연루되어 숙청되는 한편, 우왕과 창왕이 왕씨가 아니라는 '우·창비왕설(禑昌非王說)', 가짜를 버리고 진짜를 세워야 한다는 '폐가입진론(廢假立眞論)'을 유포하면서 공양왕을 옹립하였다. 박위는 바로 공양왕 옹립을 주도한 이른바 9공신 가운데 한 사람이었다.

　우리 태조가 판삼사사 심덕부(沈德符), 찬성사 지용기(池湧奇)·정몽주(鄭夢周), 정당문학 설장수(偰長壽), 평리 성석린(成石璘), 지문하부사 조준(趙浚), 판자혜부사(判慈惠府事) 박위(朴葳), 밀직 부사 정도전(鄭道傳) 등과 흥국사에 모여서 삼엄한 군사의 호위 속에서 의논하기를, "우(禑)와 창(昌)은 본래 왕씨가 아니니 종사(宗祀)를 받들게 할 수 없으며, 또 천자의 명도 있으니 마땅히 가왕을 폐위시키고 진왕을 세워야 될 것이다. 정창군(定昌君) 요(瑤)는 신종의 7대손으로 그 족속이 가장 가까우니 왕으로 세워야 할 것이다." 하였다.(『고려사절요』 권34, 공양왕 원년 11월)

　박위는 공양왕 옹립에 참여한 후 정치적 지위가 신장되는 듯 했다. 공양왕은 즉위 직후 교서를 내려 박위를 비롯한 9공신에게 "그 공이 실로 태조의 개국공신의 아래에 있지 아니하며 영원히 잊을 수가 없다. 벽에 초상화를 그리고, 그 부모와 처를 봉작하며 자손에게는 음직을 내릴 것이며 영원히 대대로 그들의 죄를 사면해줄 것이니, 주관하는 자들은 이를 시행하라."고 하였다.

　이어 12월 29일에는 9공신에게 공신녹권을 하사했는데, 이성계에게는 분충정난광복섭리좌명공신(奮忠靖難匡復燮理佐

248

命功臣)으로 봉하여 화령군 개국충의백(和寧郡開國忠義伯)의 작위를 주고 식읍 1천호·식실봉 3백 호, 토지 2백 결, 노비 20명을 하사했다. 심덕부에게는 청성군충의백(菁城郡忠義伯)의 작위를 주고 토지 150결, 노비 15명을, 박위 등 일곱 명에게는 모두 충의군(忠義君)의 작위를 주고 각각 토지 1백 결과 노비 10명을 하사했다. 그 부모와 처를 봉작하며 자손에게 음직(蔭職)을 주되 직계 아들에게는 3등급을 뛰어넘어 주고 직계 자손이 없으면 조카와 사위에게 2등급을 뛰어넘는 관직을 주었다. 자손의 정안(政案)에는 모두 중흥공신(中興功臣) 아무개의 몇 세손이라 부르며 대대로 죄를 용서해 주도록 했다.

이렇게 9공신의 반열에 오른 박위였지만 이성계가 주도하는 새 왕조 개창에는 동의하지 않았던 것으로 보인다. 이 때문에 공양왕 2년 5월에 발생한 윤이·이초사건에 이어 같은 해 11월에 발생한 김종연의 이성계 살해모의사건에서 박위가 함께 모의한 것으로 조작됨으로써 대간의 탄핵을 당하는 형식으로 황해도 풍주로 유배당했다. 공양왕 3년(1391) 9월 유배에서 풀리지만, 지방에만 거주하는 것으로 주거 제한을 받았고, 다음 해 1월이 되어서야 주거 제한이 풀리게 된다. 이 사이에 공양왕 4년 4월 이방원이 주도한 정몽주 살해사건이 발생하고 같은 해 7월 조선 건국이 가시화 된다.

왕씨 복위사건에 연루되고, 제1차 왕자의 난으로 희생되다

박위는 조선 건국 후 태조 2년(1393) 3월에 소환되어 절제사의 직함으로 양광도에서 왜구 침입을 방어하고, 전함의 건조를 감독하는 한편, 군사를 점검하여 군적을 작성하는 일을 담당하였다. 그 공로로 참찬문하부사로 기용되었는데, 태조 3년 1월 '왕씨 모의'에 연루되었다 하여 순군옥에 체포 수감되었다.

참찬문하부사 박위를 순군옥(巡軍獄)에 가두었다. 처음에 동래 현령 김가행(金可行)과 염장관(鹽場官) 박중질(朴仲質) 등이 국가의 안위와 왕씨의 명운(命運)을 밀성(密城)의 장님 이흥무(李興茂)에게 점쳤는데, 일이 발각되자, 이흥무를 잡아 와서 순군옥에 가두고, 대간과 형조로 하여금 순군 만호부(巡軍萬戶府)와 함께 그 일을 조사하게 하니, 이흥무가 다음과 같이 자백하였다. "김가행과 박중질 등이 박위(朴葳)의 부탁으로 와서 점치게 하면서, '전조 공양왕과 우리 주상 전하의 명운(命運) 가운데 누가 낫겠는가? 또 왕씨 가운데 누구의 명운이 귀한가?' 하므로, 내가 남평군(南平君) 왕화(王和)의 명운이 귀하다 하고, 그 아우 영평군(鈴平君) 왕거(王琚)가 그 다음이 된다고 하였습니다." 이에 박위를 가두고 순군(巡軍)에게 명하여 김가행과 박중질을 경상도에서 잡아 오게 하였다.(『태조실록』 권5, 태조 3년 1월 16일 병진)

조선 정부는 이를 고려왕조를 복구하려는 반역사건으로 규정하고 가혹한 심문에 들어가 일단 김가행, 박중질, 이흥무 등을 변방으로 귀양보냈다. 그러나 2월부터 다시 대질신문 등 재조사에 들어가 김가행 등은 수원부 감옥에 수감되고, 참혹한 국문 끝에 태조 3년 3월 13일 왕씨를 옹립하려 했다는 죄목으로 남평군(南平君) 왕화(王和)와 영평군(鈴平君) 왕거(王琚), 그리고 박중질(朴仲質), 김유의(金由義), 이흥무(李興茂) 등과 함께 참수된다. 이어서 4월 17일에는 삼척에 유배되었던 고려 마지막 왕 공양왕과 그의 두 아들도 주살당한다.

박위는 태조의 명에 따라 곧 석방되어 정무를 보았으나 대간과 형조의 계속되는 처벌 요청에 따라 같은 해 3월 27일 파면당하게 된다. 9월에 가서 서북면 도순문사로 파견되어 복직되지만 얼마없어 9월 19일에 대간의 파직 요청에 따라 다시 파면되었다. 박위는 파면된지 3년만인 태조 7년 1월 7일에 참찬문하부사로 복직되고 도성 순시를 감독하는 도제조로 임명되었다. 그러나 같은 해 8월 26일 정안군(靖安君) 이방원(李芳遠)이 주도한 '제1차 왕자의 난'에서 정도전(鄭道傳), 남은(南誾) 등과 함께 참수당했다.

이방원은 8월 26일 저녁부터 이숙번(李叔蕃) 등의 사병을 동원하여 정도전과 남은·심효생(沈孝生)·유만수(柳蔓殊)·장지화(張至和)·이근(李懃) 등을 갑자기 습격하여 살해했다. 박위는 당시 궁궐에서 숙직하고 있었는데, 이방원은 박위를 불러내어 그에게 동조하는지 여부를 시험한 후 박위가 호응하지 않자 도당(都堂)으로 가도록 하고는 도중에 참수하였다.

참고문헌

『고려사』, 『고려사절요』, 『태조실록』, 『씨족원류』, 『밀양박씨족보』.

장경룡, 「왜구를 섬멸한 박위」, 『군사』 14, 1987.

최병옥, 『왜구토벌사』, 국방군사연구소, 1993.

이영, 「동아시아 국제 질서의 변동과 왜구」, 『한일관계사연구』 36, 2010.

한춘순, 「태조 7년(1398) "제1차 왕자 난"의 재검토」, 『조선시대사학보』 55, 2010.

한정수, 「조선 초기 왕씨처분론의 대두와 전개」, 『사학연구』 114, 2014.

신성재, 「고려 말 정지의 해방론(海防論)군활동」, 『이순신연구논총』 23, 2015.

이형우, 「공양왕대 윤이·이초 사건」, 『포은학연구』 18, 2016.

원나라 황제도 인정한 신궁(神弓), 황상(黃裳)_안순형

고려후기는 원나라의 내정간섭으로 왕실의 주체성은 상실되고, 왕권은 극도로 쇠퇴하였다. 북으로는 중국 남방에서 일어났던 홍건적이 점차 북상하여 원나라를 밀어내고, 고려의 변경을 넘어 수도 개경을 함락하기도 하였다. 또한 남으로는 일본의 남북국시대 초기부터 흥기한 왜구가 경상남도 연안을 약탈하였고, 1350년부터는 본격적 활동으로 내륙뿐 아니라 예성강 입구까지 진출하여 개경을 위협하였다. 고려가 이처럼 남·북으로 외침의 위기에 직면해 있을 때 최영을 비롯한 명장들이 출현했는데, 회성부원군(檜城府院君) 황상(1328~1382)도 그 중의 한 사람이다.

용맹무쌍으로 공민왕의 총애를 받다

황상은 본관이 의창(義昌, 현재 창원)이며, 창원황씨 회산부원군계(檜山府院君系) 시조인 문하시랑 동중서문하평장사 황석기(黃石奇)의 장자이다. 『고려사』권114 「황상열전」에는 그가 충혜왕(1330~1332, 1339~1344) 때에 '호군(護軍)'에 제수되었다고 한다. 그의 연령을 아무리 늦추어도 17세 전후한 때의 일이다. 약관도 되지 않은 그가 관직에 진출할 수 있었던 것은 밀직사 지신사(密直司知申事, 정3품)였던 아버지 황석기가 조적(曺頔) 일당을 제거하고 시종하여 1등공신에 책봉되었기 때문일 것이다. 충혜왕은 "1등공신의 초상을 공신각에 걸도록 하고, 아들 1명에게 7품직을 줄 것이며, 아들이 없으면 조카나 사위에게 대신 8품직을 주"도록 교지를 내렸다.

호군이 일반적으로 알려진 것처럼 고려시대에 정4품의 관직이었다면 교지의 내용과 다르다. 그가 초임으로 호군에 제수된 것이 사실이라면 이것은 대단한 특전(特典)에 해당한다. 이것은 그보다 12살이 많은 최영(1316~1388)은 수차례의 왜구를 토벌한 공적과 1352년에 '조일신(趙日新)의 난'을 평정하고 나서야 37세에 호군이 되었고, 31세가 많은 이방실(李芳實, 1298~1362)은 원나라에서 충목왕을 호종했던 공으로 47세에 중랑장이 되었다가 호군이 되었다는 것에서도 잘 알 수 있다.

그는 공민왕 초기에 밀직부사(密直副使)를 역임하였고, 1354년(공민왕 3) 6월에 원나라가 남쪽의 홍건적을 토벌하기 위해 고려에 원정군을 요청할 때 지명되기도 하였다. 1356년 5월에 부원(附元) 권신이었던 기철(奇轍) 세력을 제거한 후에 관제를 복구할 때 동지추밀원사(同知樞密院事)에, 1358년 2월에는 추밀원사에 임명되었다. 또한 1359년 6월에는 기철을 제거한 공으로 1등공신호에, 판추밀원사를 임명받으며 승승장구하였다.

1357년 9월, 공민왕이 양부(兩府, 중서문하성과 추밀원)를 불러 사방에 전쟁이 빈발하고 민생이 대단히 어렵지만 권신들이 논밭에 개와 매를 놓아 사냥을 즐기며 나라를 걱정하지 않는 것을 질책했던 일이 있었다. 황상도 질책의 대상이었지만 앞서 말한 것처럼 추밀원사로 승진하였다. 뿐만 아니라 1359년 7월에는 어사대(御史臺)에서 "황상은 판밀직 신귀(辛貴)의 처 강씨(姜氏)와 사통(私通)하여 풍속을 어지럽혔으므로 국문하기를 청한다.”는 탄핵을 받았다. 그와 함께 강씨를 간음했던 양백연(楊伯淵)은 탄핵으로 파직되어 금고에 처해졌다. 하지만 그는 공민왕이 그의 용맹과 뛰어난 무공을 아끼고, 지난날의 공로를 감안하여 면직시켰을 뿐 다른 조치는 취하지 않았다.

홍건적의 침범으로 1361년 11월에 공민왕이 남쪽으로 파천을 결정하자, 근신 중이던 황상은 공민왕의 파천 대열을 따랐다. 그는 이때 교주강릉도(交州江陵道, 함경도·강릉 일대 연해지방과 춘천·철원 일대에 설치된 지방행정구역) 도만호(都萬戶)로 임명되었다. 1362년(공민왕 11) 1월에는 총병관 정세운(鄭世雲)이 개경을 수복할 때 참전하였고, 3월에는 참정(參政)으로 평장사 이공수(李公遂) 등과 개경의 방비를 담당하였다. 전쟁이 종식되자, 찬성사상의(贊成事商議)였던 황상은 그동안 공로가 인정되어 1363년 윤3월에 ‘신축년(1361) 피난 호종 공신’과 ‘개경을 수복한 공신’을 녹훈할 때 모두 1등공신의 반열에 들었다. 그 결과 참지문하정사를 거쳐 찬성사에 임명되고, 회성부원군에 책봉되었다. 또한 1365년 3월에는 원나라에서 홍건적을 평정했던 그를 봉훈대부 경정감승(奉訓大夫經正監丞)에 제수하자, 1371년 8월에 고려 조정에서는 문하찬성사에 추충분의보리익찬공신(推忠奮義輔理翊贊功臣)이란 칭호를 더해 주었다.

우왕(禑王) 때인 1377년 3월과 1381년 3월에는 서강도원수(西江都元帥)로 임명되어 개경까지 침범한 왜적의 방어에도 여러 차례 공적이 있었다. 공민왕 때부터 홍건적과 왜구의 방어에 뛰어난 공적을 보였던 황상이 1382년(우왕 8)에 사망하자, 조정에서는 '공정(恭靖)'이란 시호를 하사하였다. 그의 묘소는 아버지 황석기, 아들 황윤서(黃允瑞)의 것과 함께 황해도 수안에 조성되어 있다.

북으로 홍건적을, 남으로 왜구를 토벌하다

황상의 뛰어난 무공은 고려에서 뿐만 아니라 원나라 황실까지 알려질 정도였다. 용맹했던 그는 특히 궁술에서 발군의 실력을 보였다. 일찍이 원나라 순제(順帝)는 황상의 명성을 듣고, 그가 장사성(張士誠)의 토벌을 위해 원나라 수도인 대도(大都)에 갔을 때 친히 불러 그의 '팔뚝'을 살펴보고 칭찬을 하였다고 전한다. 『태조실록』에서도 이성계가 당시 천하에 명궁으로 명성을 떨쳤던 황상과 덕암(德巖)에서 150보 밖에 과녁을 설치하고 시합해서 이겼던 것을 전한다. 실록에서는 태조의 무공을 돋보이게 하려고 이성계가 이겼다고 했지만, 황상이 경쟁자로 지명되었다는 것만으로도 그가 당시 최고의 궁사였다는 것을 의미한다.

그가 활약했던 원말·명초의 중국 대륙에는 겨울 혹한과 전국의 오랜 가뭄으로 백성의 삶은 도탄에 빠져 있었다. 특히 1351년 황하유역의 큰 홍수 피해를 복구하기 위하여 조정에서 백성의 여건을 고려하지 않고 노동력과 재원을 대규모로 징발함으로써 민심의 이반은 더욱 심화되었다. 전국 각지에서 민중봉기가 일어나고, 억압으로 잠재되어 있던 한·몽(漢蒙)간의 민족갈등이 더해져 원나라 타도를 위한 봉기는 더욱 격화되었다.

원나라 승상인 톡토(脫脫)는 1354년 6월에 사신으로 갔던 채하중(蔡河中)을 통해 "황명으로 남쪽을 원정할 것이니, 고려 국왕은 정예군을 파견하여 도와줄 것"을 요청하였다. 얼마 후에 다시 이부낭중(吏部郎中) 카라노카이(哈剌那海) 등을 파견하여 남쪽의 장사성을 토벌할 것이니 장수와 서경(西京)의 수군 300명, 또한 용감한 군사를 모집하여 8월 10일까지 원나라의 대도에 집결시킬 것을 요구하였다. 원나라에서 요청했던 장수 40명 중에는 황상을 포함하여 고려말 8대 명장으로 알려진 유탁(柳濯)·안우(安祐)·최영(崔瑩)·이방실(李芳實) 등도 포함되어 있었다. 원나라에서 고려의 8대 명장 중에 5명을 직접 선정했는데, 그중에 젊은 황상이 포함되었다는 것은 그의 무용(武勇)이 이미 원나라에도 알려져 있었다는 것을 반증한다. 토벌군에 참가했던 황상을 비롯한 고려군은 승상 톡토의 선봉이 되어 고우(高郵)·사주(四州) 등지에서 장사성 군대를 평정하는데 일조하였다.

황상은 그 후로도 고려를 침범했던 '홍건적 토벌'과 '공민왕의 왕권 보위'에도 공로가 있었다. 먼저, 홍건적은 북쪽으로 세력을 확대하다가 퇴로를 차단당하자, 2차(1359년 12월, 1361년)에 걸쳐 압록강을 건너 고려를 침범하였다. 1361년 10월에 홍건적의 위평장(僞平章) 반성(潘誠) 등이 10여만 명을 이끌고 압록강을 건너 삭주를 침범하였다. 적이 수도 개경을 위협하자, 공민왕은 남쪽으로 피난하며 한편으로 군마

와 물자를 징발하여 점차 대열을 정비하였다. 복주(福州, 현재 안동)에서 총병관에 임명된 정세운(鄭世雲)이 각지의 병사 20만 명을 징발하여, 1362년 1월에 개경의 동쪽 교외 천수사(天壽寺)에 주둔하고, 수도를 수복하려는 전투를 펼쳤다. 이때 황상은 '9명의 원수(元帥)' 중 한 사람으로 참전하여 승리를 거두는데 일조하였고, 그 후로 개경의 방비를 담당하였다. 이러한 그의 공로는 원나라에서도 인정되어져 앞에서 본 것처럼 1365년 3월에 관계(官階)가 하사되고, 고려 조정에서는 이전에 비해 공신호를 더해 주었다.

다음으로, 원나라에서 기(奇)황후를 중심으로 한 부원세력이 공민왕의 자주정책에 불만을 품고, 2차 홍건적의 고려침략을 틈타 그를 폐위하고 덕흥군(德興君)을 옹립하려 하였다. 원나라에 있던 최유(崔濡) 등은 1364년 1월에 덕흥군을 따라 원병(元兵) 1만 명과 압록강을 건너 의주를 공략하고, 선주(宣州)에 주둔하였다. 당시 공민왕은 최영을 도순위사(都巡慰使)로 삼아 모든 군대를 통합 지휘하게 하고, 황상을 동북면도순토사(東北面都巡討使)로 삼아 대비하였다. 당시 동북면은 선주와 고개를 하나 사이에 두고 있었는데, 18일에 황상은 이성계와 수주(隨州)의 달천(獺川)에서 매복으로 덕흥군의 군대를 전멸시켜 공민왕의 폐위를 무산시키는데 지대한 공을 세웠다.

이외에도 황상은 고려말 우왕 때에 수차례에 걸친 왜구의 방어에도 공로가 있었다. 고려시대 왜구의 출몰과 관련해서는 『고려사』권22 고종 10년(1223) 5월 22일조에 "왜구가 금주(金州, 현재 김해)를 노략질하였다."는 기록이 최초의 것이다. 그 후로 13세기 왜구 관련의 기록(7건)은 모두 금주·거제를 포함한 경상남도 연해가 활동지였다. 1350년부터는 서쪽으로 전라도를 거쳐 강화도 교동과 예성강 입구까지 진출하며 조운선을 불태우고 약탈했을 뿐 아니라 개경도 수차례 위협하였다. 그 결과 조정에서는 연해의 창고를 내륙으로 옮기고 왜구를 방어했지만, 1357년부터 간간이 조운이 통하지 않아 하급관리에게 녹과(祿科)와 녹봉이 지급되지 않기도 하였다. 그 후로 왜구의 침입이 더해지자, 결국 1376년 9월에는 조운을 폐지하였다.

14세기 중후반부터 이처럼 왜구의 침탈이 빈번하고 격렬하여 민심이 동요되자, 고려 조정에서는 1377년 3월에 군의 지휘부를 개편하여 방어체계를 구축하고자 하였다. 당시 황상은 서강도원수로 임명되어 이성계·양백연 등 10명의 부장을 거느리고 개경 방어에 참가하였다. 하지만 여전히 왜구의 침략에 대한 불안을 잠식시킬 수 없자, 5월에는 내륙의 '철원'으로 천도할 계획을 세웠지만 최영의 강력한 반대로 무산되기도 하였다. 황상이 1381년 3월의 군부 개편 때도 동강도원수(東江都元帥) 나세(羅世)와 함께 서강도원수로 재임되어 개경 방어에 큰 공적을 남겼다.

남북으로 외침을 방어하고 국란의 수습에 공적이 있던 황상이 사망하자, 조정에서는 '공정(恭靖)'이란 시호를 사여하였다. 이외에도 진주의 동산재, 함안의 죽산재, 와룡재 회원사(檜原祠) 등지에서 후손과 유림들이 그의 공적을 기리며 현재까지 매년 봉사(奉祀)하고 있다.

| 진주 동산재

참고문헌

『고려사』, 『고려사 절요』.
성씨이야기편찬실, 『창원황씨 이야기』 83, 올리니플스토리, 2014.

XI

고려에 남은 사람, 조선을 세운 사람

고려를 지키려(?)했던 조민수(曺敏修)_남재우
영원한 고려인, 절의(節義) 선비 이오(李午)_배상현
조선 개국의 선봉장, 남은(南誾)_남재우

XI . 고려에 남은 사람, 조선을 세운 사람

고려를 지키려(?)했던 조민수(曺敏修)_남재우

조민수(?~1390)는 고려 말기의 무신이었다. 위화도회군으로 최고의 권력자가 되었다. 하지만 그는 『고려사』 열전 속에서 간신편에 실려있다.

『고려사』에 간신전을 둔 이유는 지난 잘못을 거울삼아 다시는 그런 잘못을 저지르지 않도록 경계하기 위함이었다.

"세상에는 일찍이 간신(姦臣)이 없었던 때가 없었다. 오직 임금의 현명함으로 그것을 잘 살펴보고 부림으로써 바른 길로 이끌었기 때문에, 간신들이 술수를 부릴 수 없었다. 만약 한번 그 술수에 빠지면 나라가 위기에 이르지 않는 경우가 드물었다. 고려는 인종(仁宗) 이후부터 간신이 계속 이어 나와 가만히 권력을 농단하여 백성을 좀먹고 나라를 패망하게 하였다. 그 일이 모두 후세에 감계(鑑戒)가 될 만하므로, 「간신전(姦臣傳)」을 짓는다."

조민수와 함께 간신전에 실린 고려 후기의 인물은 지윤(池奫)·이인임(李仁任)·임견미(林堅味)·염흥방(廉興邦)·변안열(邊安烈)·왕안덕(王安德)이다. 이들은 우왕과 창왕을 추대하는데 참여했던 인물이다. 그래서 이성계일파에 의해 제거되었다. 그 명분은 '폐가입진(廢假立眞)'에서 비롯되었다. '가짜왕을 몰아내고 진짜 왕을 세운다'는 폐가입진은 "우왕이 공민왕의 아들이 아니라 신돈(辛旽)과 그의 비첩(婢妾) 반야(般若) 사이에서 태어났다"는 주장에서 비롯되었다. 이를 명분으로 이성계는 창왕(昌王)을 폐위하고 공양왕(恭讓王)을 옹립했다. 공양왕의 왕위계승을 정당화하기 위해 우왕과 창왕은 『고려사』에 세가편이 아니라 반역열전에 수록되었고, 조민수를 비롯한 우왕과 창왕 추대세력은 간신전에 수록된 것이다.

| 창성부원군 조민수의 묘(창녕군 대합면)

그의 가계와 활동

조민수는 창녕 조씨이다. 창녕 조씨 시조설화가 전해져 온다. "신라 진평왕(579~631) 때 한림학사이던 이광옥의 딸 예향이 피부병을 얻게 되었는데, 병 치유를 위해 창녕 화왕산 정상의 연못에서 목욕하다 용의 아들과 사귀게 되었고, 그 사이에 아들을 얻게 되었다. 그 아들의 겨드랑이 밑에

263

'조(曺)'자가 있으므로 성을 조라하고 이름을 계룡(繼龍)이라
하였는데, 이 사람이 시조"라는 내용이다. 목욕을 한 연못
이 용지이며, 득성지라는 것을 알리기 위해 '창녕조씨 득성
지지(昌寧曺氏 得姓之地)'라 적힌 비가 화왕산 정상부에 위치해
있다. 비는 1897년에 세워졌다.

조민수의 아버지는 조우희(曺遇禧)이다. 형제는 조경수(曺
敬修), 조익수(曺益修)이다. 아들은 조취귀(曺取貴)인데, 신돈
의 총애를 받았다는 기록이 조민수의 열전에 전한다. 조민
수의 가계는 그가 우왕대에 문하시중(門下侍中)에 오르면서
번창하였던 것으로 추정된다.

그는 무인이었다. 1361년(공민왕 10) 순주부사(順州府使)로
홍건적의 침입을 물리치고 2등공신에 올랐다. 1375년 11
월 왜구가 김해에서 황산강을 거슬러 올라와 밀성[밀양]을
노략질하므로 조민수가 수십 명을 목베었다. 1376년 3월
왜구가 진주를 노략질할 때 청수역(淸水驛)에서 싸워 13명의
목을 베었다. 1383년 문하시중(門下侍中)을 역임하고, 창성
부원군(昌城府院君)에 봉하여졌다. 1388년 요동정벌군의 좌
군도통사(左軍都統使)로 출정하였다가 이성계(李成桂)와 함께
위화도에서 회군하여 우왕을 폐하고 창왕을 세웠다. 충근양
절선위동덕안사공신(忠勤亮節宣威同德安社功臣)에 양광전라경
상서해교주도도통사(楊廣全羅慶尙西海交州道都統使)가 되었다.

1389년(창왕 1) 전제개혁을 반대하다가 탄핵당해 창녕으
로 유배되었다. 1390년 창녕에서 죽었다.

| 조민수의 묘 아래에 위치한 사당, 충모재

위화도 회군과 조민수

이인임 집권 후 고려와 명나라는 그 관계가 원만하지 못했다. 우왕 11년(1385)에 명나라 태조가 공민왕의 시호를 정하고 우왕을 책봉하면서 사대관계가 재개되었지만, 여전히 명나라의 고려에 대한 태도는 고압적이었다. 우왕 14년 (1388) 명나라에 파견되었다 돌아온 설장수(偰長壽)가 전한 명나라 황제의 말에서 잘 드러난다.

"짐이 통상을 이미 허락하였는데, 저들은 도리어 명백히 첩(牒)을 보내서 무역하려 하지 않고, 뒤로 사람을 시켜 대창(大倉)에 와서 몰래 군대를 일으키고 배를 건조하는 등의 여부를 살피고 있으며, 정보를 누설하는 자들에게 중하게 상을 주고 있다. 이는 거리의 어린 애들도 본 바이니, 이제부터는 삼가 이렇게 하지 말 것이며, 사신을 보내오지도 말라. 철령(鐵嶺) 이북은 원래 원나라에 속했던 것이니, 아울러 요동에 귀속시키겠다. 그 나머지 개원(開元)·심양(瀋陽)·신주(信州) 등지의 군대와 백성은 원래의 생업에 복귀시키도록 하라."(『고려사』열전, 우왕14년 2월조)

사신을 보내지 말라 했으며, 고려사신을 정탐꾼으로 몰기도 했다. 특히 철령위 귀속요구는 고려 조정을 놀라게 했다. 철령으로부터 공험진에 이르는 지역은 이미 공민왕 때 고려로 회수된 지역인데, 이를 명나라에 귀속한다는 것은 도저히 받아들일 수 없었기 때문이다.

우왕이 직접 평양으로 나아가서 군사 징집을 독려하고, 압록강에 부교를 만들게 하였다. 임견미와 염흥방의 집 재산을 평양으로 운반하게 하여 군비에 충당하였다. 승려들을 병사로 동원하고 경기의 병사를 뽑아서는 왜구에 대비하게 하였다. 최영을 팔도도통사로 하여 원정군을 거느리게 하고, 그 아래 창성부원군 조민수를 좌군도통사로, 이성계를 우군도통사로 삼았다. 좌우군이 38,830명이요, 딸린 인원이 11,634명, 말이 21,682필이었다. 고려의 전군을 동원한 전쟁이 시작된 것이다.

정벌군은 위화도에 주둔하였다. 이성계는 조민수와 더불어 회군의 필요성을 역설하는 건의문을 개경에 보냈다. 회군 이유는 "첫째, 요동성(遼東城)에 이르기까지 그 사이에 큰 하천이 많으므로 건너기가 어렵다. 둘째, 작은 나라로서 큰 나라를 섬기는 것이 보존하는 길이다. 셋째, 명나라와의 교섭을 위해 사신으로 보낸 박의중이 돌아오지도 않았는데 큰 나라를 침범하는 것은 사직과 백성을 보호하는 길이 아니다. 넷째, 지금은 덥고 비가 오는 때이므로 활이 녹고 갑옷이 무거우며 사졸과 말들이 모두 고달프니, 싸워도 이길 수 없다. 다섯째, 군량까지 제대로 공급되지 못한다면 진퇴양난의 처지에 빠질 것"이라는 것이었다.

우왕과 최영은 이러한 요구를 무시하고, 오히려 진군을 독촉하였다. 이성계와 조민수 등은 5월 22일 "옳고 그른 것을 가지고 글을 올려 회군할 것을 청하였으나 왕이 살피지 않고, 최영도 노망이 나서 듣지 않는다. 그대들과 함께 임금을 뵙고 직접 화복을 아뢰고 임금 곁의 악을 제거하여 백성들을 편안하게 해야 하지 않겠는가?"라며 압록강을 건너 되돌아 왔다.

6월 초하루, 개경에 도착한 이성계 등은 6월 3일 최영을 체포하여 고봉현(高峰縣)으로 유배보냈다가 6월 5일에는 합포(合浦)로 옮겨 유배하고, 7월에 소환하여 순군에 수감시켜 몇차례 국문을 거친 후 12월에 결국 참수하였다. 이제 이성계와 조민수가 고려의 권력자가 되었다. 우왕도 최영의 딸인 왕비와 함께 축출되었다.

조민수와 이성계

회군 이후의 조민수와 이성계는 함께 하지 않았다. 우왕을 뒤이은 후사 결정부터였다. 이성계는 우왕이 신돈의 자식이라며, 왕씨의 후예를 왕으로 세우고자 하였다. 하지만 조민수는 우왕의 아들인 창(昌)을 세우고자 하였다. 이인임(李仁任)이 자신을 천거해준 은혜를 갚기 위한 것이었다. 창은 이인임의 외형제인 이림의 딸인 근비의 아들이었기 때문이다. 조민수는 이성계를 비롯한 여러 장수들의 반대할까 두려워하여 당시 이름난 유학자였던 이색(李穡)이 말한 "마땅히 전왕의 아들을 세워야"한다는 말을 방패삼아 창을 왕으로 옹립했다.

조민수는 사회개혁에도 부정적이었다. 과전법 실시를 반대했다. 과전법은 '공도 없이 앉아서 먹고만 있는 사람들[無功坐食之人]'인 권문세족의 토지를 빼앗아 '일전일주(一田一主)'라는 원칙으로 소농민의 안정화, 부국강병을 위한 '군비 충당', 신진사대부의 생계보장을 위한 경제개혁이었다. 이는 결국 신진사대부 중심의 지배질서로 재편하는 과정을 보여주는 것이며, 결국 토지와 인민에 대한 국가적 지배를 강화시키려는 정책이다.

위화도회군 직후 이성계를 비롯한 신진사대부들이 전제개혁에 대한 논의를 본격화할 때, 조준(趙浚), 이행(李行), 조인옥(趙仁沃) 등이 올린 개혁안들이 상정되면서, 개혁에 따르는 이해관계를 둘러싼 정치적 갈등이 심각하게 전개되었다. 이때 이색(李穡)은 구법을 가볍게 바꿀 수 없다는 이유로 반대하였고, 조민수도 이림(李琳), 우현보(禹玄寶), 변안렬, 권근(權近), 문익점(文益漸) 등과 함께 이색의 의견을 따랐다.

1389년 11월 이성계를 살해하려 했던 김저(金佇)사건을 계기로 전제개혁에 미온적인 창왕과 그 반대세력을 축출하고 공양왕을 옹립하여 개혁은 마무리되었다. 공양왕 원년(1389) 12월 조준의 제3차 상서를 통해 종래의 전제개혁 원칙을 재확인하고 이듬해 정월 과전절급 대상자들에게 과전 지급문서인 전적을 나누어 주었다. 이어 9월에 공사전적을 거리에서 불사르고, 공양왕 3년(1391) 5월 과전법(科田法)에 관한 기본 법규를 반포하였다.

조민수, 고려를 지키려 했다(?)

공양왕 즉위는 이성계를 비롯한 왕조교체세력의 권력장악을 의미한다. 반대세력은 제거될 수 밖에 없었다. 첫 순위가 조민수였다. 간관 오사충과 조박 등이 소를 올렸다.

여러 장수들이 회군하여 왕씨들 사이에서 〈왕을〉 옹립하자고 논의하던 즈음에 대장군(大將軍) 조민수(曺敏修)가 이인임의 인

269

척이라 우왕의 아들 창왕(昌王)을 세우고자 하였습니다. 〈조민수가〉 그 흉측한 모의를 이어가려고 이색에게 계책을 물으니, 이색도 일찍이 창왕을 마음에 두었기 때문에 마침내 그를 옹립하는 논의가 정해지게 되었습니다.(『고려사』열전 이색전)

낭사(郎舍) 윤소종 등도 상소했다. "조민수는 적신(賊臣) 이인임과 한패로 지위가 총재에 이르자 탐욕과 포악을 자행하여 미풍양속을 완전히 붕괴시켰습니다. 또한 주장(主將)으로써 왕씨를 옹립하려는 의논을 막고 창을 세워 우리 종묘(宗廟)로 하여금 영원히 제사를 받지 못하게 하였습니다. 권근(權近)이 사적으로 황제의 편지를 꺼내보고 신씨 편에 붙어 〈그 편지를〉 우선 이림(李琳)에게 보였습니다. 두 사람의 역모는 모두 천지가 용납하지 못할 바이며 조종께서도 용서하지 않는 바입니다. 청하건대 해당관청에 회부하여 논죄하고 적합한 형벌을 내리게 하십시오."

조민수가 창왕을 고집한 것은 이성계와의 연대를 파기하는 것이었다. 온건적인 신진사대부와 협력하기도 했지만, 이인임과 같은 구세력과도 결탁했다. 그래서 그는 스스로가 개혁대상이 되었다.

이성계는 개혁적인 신진사대부를 이끌고 토지제도 등 사회개혁을 주도하며 구세력들이 지닌 기득권체제를 무너뜨리고, 이를 통해 민심을 얻어 왕조를 교체하려 하였다. 하지만 조민수는 위화도 회군 이후 높은 관직을 차지했으며, 어마어마한 관직을 이용해 백성들의 토지를 빼앗는 등 민심과 이반되는 길을 걸었다. 드디어 이성계는 폐가입진(廢假立眞)이라는 명분으로 창왕을 폐위하고, 공양왕을 왕위에 앉혔다.

조민수는 당시의 사회모순에 눈감고, 권력과 경제적 기반을 유지하고자 하였다. 그래서 그는 과전법을 반대했고, 구세력과 결탁했다. 과전법은 구체제 타파를 보여주는 획기적인 사건이었다. 과전법의 실시로, "공과 사의 토지대장을 거리에서 불태우니 불이 며칠간 꺼지지 않았고, 공양왕은 사전의 법이 갑자기 없어졌으니 애석하다"며 탄식했다고 『고려사』는 전한다. 토지대장과 함께 구시대의 인물이었던 조민수의 꿈도 불타버리고 말았던 것이다.

참고문헌

『고려사』,『고려사절요』.

영원한 고려인, 절의(節義) 선비 이오(李午) _배상현

우리는 하루하루 선택을 하며 살아간다. 큰 선택도 있고 작은 선택도 있다. 그러니 우리는 날마다 선택하며 살아가는 존재다. 모름지기 역사는 이러한 선택의 과정들이 응축된 결과물들이다. 지금으로부터 육백오십여 년 전 한 지식인이 있었다. 그는 중대한 선택을 하였고 오늘날 경상도 함안고을에 고려마을[高麗洞]을 열었다. 그리고 다시 시간은 흘러 21세기가 되었다. 오늘 우리는 그가 어떤 선택을 하고 왜 이곳에 정착하게 되었는지를 떠올리며 잠시 가던 걸음을 멈추고 우리 자신도 반추해 보기로 하자.

| 함안군 산인면 모곡리 고려동 전경

고려말 사회모순에 직면한 사대부들은 오늘날과 마찬가지로 개혁과 개선의 갈림길에서 깊은 고민을 해야했다. 개

혁의 당위성이 점증하던 시기, 개혁 없이는 더 이상 체제를 유지할 수조차 없던 시대. 지식인들은 보수와 진보, 점진적 개혁과 급진적 개혁의 갈래를 보이며 대립하고 고민했다.

이른바 개선론자들은 제도와 틀은 그대로 두되 거기서 발생한 폐단만 제거하자는 입장이었고, 개혁파들은 제도와 틀 그 자체를 바꾸지 않으면 더 이상 현실도 미래도 없다고 보았다. 정몽주는 대표적인 점진적 개혁론자였고, 조준이나 정도전은 급진개혁론자였다. 급진파들은 정상적인 방법으로는 이 사회를 바로잡을 수 없다고 보고 이른바 '역성혁명'을 주도했다. 모은 이오 형제는 정몽주와 뜻을 같이하는 인물들이었다.

영원한 고려인 이오의 생애

이오의 성은 이(李), 이름은 오(午)이다. 본관은 재령(載寧)이며 호가 모은(茅隱)이다. 생몰년은 정확하지 않다. 황해도 재령군의 토성 가운데 하나인 재령이씨는 신라초기 좌명공신이었던 알평(謁平)을 시조로 한다. 고려조에 와서 우칭(禹偁)이 재령군(載寧君)에 봉해지면서 재령을 본관으로 삼게 되었다. 고려후기 사족(士族)으로 성장한 대표적 가문 가운데 하나이다. 이오의 조부는 소봉(小鳳)으로 상호군(上護軍)을 역임하였다. 부친 일선(日善)은 사재령(司宰令)을 역임하였다. 일선은 밀양부 소음촌(召音村)에 살면서 6남 1녀를 낳았는데 이로부터 오늘날 영남지역에 재령이씨 집안이 크게 확장된 것으로 보인다.

일선의 큰아들인 신(申)은 유일(遺逸)로 벼슬길에 나가 지평(持平)을 역임하였다. 그는 1392년(공양왕 4) 3월 이성계 일파의 역성모의를 알아차리고 이에 저항하다 정몽주의 피살과 거의 동시에 죽임을 당한 인물이었다. 믿고 따랐던 아우들에게 형님의 사망 소식은 청천벽력과도 같았다. 넷째 아들인 오는 공양왕대 성균관 진사시(進士試)에 합격하였으나 벼슬길에 나가지 않았다.

| 함안군 가야읍 혈곡리 모은 이오의 묘소

이에 앞서 이오의 백씨 신은 간관 김진양(金震陽) 등과 더불어 상소를 통해 조준(趙浚)·정도전(鄭道傳)·남은(南誾)·윤소종(尹紹宗)·조박(趙璞) 등의 죄를 남김없이 들추어 지적한 인물로 알려진다. 이를 통해 조준을 먼 지방으로 귀양 보내었고, 또 강회백(姜淮伯)·정희(鄭熙) 등과 함께 날마다 장주(章奏)를 번갈아 올려 조준 등을 목베기를 청하였다고 한다. 또

오사충(吳思忠)을 탄핵하여 이성계를 옹립해 공명을 세우려는 세력들의 제거를 도모하기도 하였다. 그러나 얼마 후 정몽주가 살해당하고 백씨인 신이 귀양가는 도중에 죽임을 당하자 아우인 오는 영원한 고려인으로 살기를 작정하고, 뜻을 같이하는 인사들과 두문동(杜門洞)으로 들어가기를 결심하였다. 신왕조에 협력하지 않기로 다짐한 결과였다.

이에 앞서 판도판사 홍재(洪載)는 벼슬을 버리고 삼가현의 대평리에 돌아와 숨어 지내며 호를 만은(晚隱)이라 하였고, 사는 곳을 두심동(杜心洞)이라 하여 일체 세상 사람들과의 교제를 끊고 있었다. 이오는 밀양의 본가와 처가가 있는 의령을 오가면서 자미화(紫微花)가 아름답게 핀 오늘의 함안군 모곡(茅谷)에 정착해 살게 되었다. 공조전서를 역임한 조열(趙悅) 등과는 더불어 두심동을 왕래하면서 위로하고 시가를 짓기도 하였다. 이 때 이오가 지은 몇 수의 시가 그의 심경을 대변하고 있다. 『모은선생실기』에 전해지고 있다.

喬木如存可假花 우뚝한 나무 있다면 꽃을 피울 수 있을 터
王春惟到暮山家 고려의 봄은 오직 저무는 산속 집에만 찾아드네.
悲歌哀詠相隨地 슬픈 시가 읊조리며 서로 따르는 자리
恥向長安再着紗 다시 서울 가서 벼슬을 바란다면 정말 부끄러운 일.

또 다른 시에는 이런 것도 있다.

滄溟夜夜迎孤月 서늘하고 어두운 밤마다 외로운 달 맞이하고

杞菊年年闢小畦 해마다 작은 밭에 구기자와 국화를 키우네.

回首未逢堯舜世 끝내 돌아봐도 요순시대 만날 수 없으니

甘心不讓牧樵儕 목동과 나무꾼 동무됨을 달게 여기려네.

홍만은[洪𣶆], 조전서[趙悅] 두 사람과 단구(丹邱) 김후(金後) 등이 함께 함께 모여 연구(聯句)를 짓기도 하였는데, 그의 시구에는 인간적인 풍모가 드리워져 있다.

幽篁園裏數叢花 그윽한 대밭 대여섯 떨기 꽃

潤色山村寂寞家 산촌의 적막한 집을 꾸며주는구나.

入室更看樽有酒 방안에는 또 독에 술이 담겼으니

宦情從此薄於紗 벼슬의 뜻 실보다 더 얇아지네.

모은의 후손과 오늘의 고려동

이오는 의령 사족 남의(南毅)의 사위가 되었고, 밀양과 의령 처가를 왕래하면서 함안군 모곡을 세거지로 삼았을 것으로 추정된다. 아들 개지(介智) 또한 아버지의 터전을 이어 살면서 진주 벌족 하경리(河敬履)의 딸과 혼인하였다. 개지는 유년시절부터 학문을 좋아 하였으나 부친의 유지를 따라 벼슬길에 나가지 않았다. 그렇지만 자녀의 출사를 가로막지는 않았다. 그는 4남 1녀를 두었는데 장자 맹현(孟賢)과 차자 중현(仲賢)이 문과에 급제하여 내외 청환직을 역임하게 되면서 영남지방의 새로운 명문으로 부상하게 되었다.

1436년(세종 18)에 태어난 모은의 장손 이맹현은 세조 6

년 전시(殿試)에서 장원으로 급제하면서 발군의 실력을 인정받은 인물이었다. 그는 경학(經學)과 문장으로서 당대에 이름을 얻었다. 그는 점필재 김종직과 동시대인으로 초기에는 여말 절의파(節義派) 집안에서 조부와 부친으로부터 가학을 통해 발신하였지만, 중앙정계에 발을 들여놓으면서 재경인사들과 폭넓게 교류하였고 세종의 아우가 되는 임영대군(臨瀛大君)의 외손서(外孫壻)가 되었다. 맹현의 처 윤씨는 우의정을 역임한 윤곤(尹坤)의 질녀이기도 했다. 그는 1487년(성종 18) 51세로 죽을 때까지 대간(臺諫), 문한(文翰), 시강(侍講) 등 청환직을 두루 역임한 당대의 명신이었다. 맹현은 아들 일곱을 두었는데, 그 후손들은 현재 경북 영해, 안동지역과 진주지역에 분포하고 있다.

장손이 서울에 거주하게 되니 조상의 제사는 자연 차손(次孫)인 중현(仲賢)의 몫이 되었다. 그리하여 사실상 중현이 제사를 받드는 종손이 되었다. 그는 호가 율간(栗澗)으로 그가 벼슬에서 물러나 머물렀다고 하는 율간정(栗澗亭)이 고려동에 있다. 그는 아들 둘을 두었는데 오늘날 그의 후손들은 함안과 김해지역에 거주하고 있다.

| 고려동 안 율간정의 모습

　고려동은 이오가 고려에 대한 절의를 지키기로 결심하고
이곳을 거처로 삼아 살게 된 이후, 대대로 자손들이 터를 지
키며 살아오고 있다. 입거 당시 땅의 사방 둘레에 담을 쌓
고 고려 유민(遺民)이 사는 땅이라는 의미로 '고려동학(高麗洞
壑)'이라는 네 글자를 새긴 비석을 세우고 논과 밭을 일구어
자급자족한 것으로 알려진다. 그는 또 아들에게 조선왕조에
벼슬하지 말 것과 자신이 죽고난 뒤 신주를 이곳을 떠나 다
른 곳으로 옮기지 말 것을 유언으로 남겼다고 한다.

| 고려동 자미단

  오늘날 고려동 곳곳에는 관련 유적들이 자취로 남아 당시의 역사를 들려주는 듯 하다. 유적지 동쪽편의 대나무 숲 아래에는 자미화[백일홍] 화단이다. 이오가 지나다가 무성한 수풀 사이로 한 그루 백일홍이 난발(爛發)한 것을 보고 이곳에 터를 잡고 띠집을 짓고 살게 되니, 이것이 오늘날 고려동의 기원이 되었다고 알려진다.

  약 650여 년의 세월이 지난 현재 당초의 백일홍은 고사(枯死)하고 다시 새순이 나서 작은 백일홍이 숲을 이루고 있다. 1834년 그 주변을 돌로 두르고 단을 만들어 '자미단(紫薇壇)'으로 부르며 오늘에 이르고 있다. 그 옆에는 이오가 터를 잡아 주춧돌을 놓은 집터가 있는데 오늘의 종택이다. 중간에 몇 차례 중수를 하였지만, 지금까지 옛 주춧돌 위에 옛 규모 그대로 보수해 오고 있다고 한다.

참고문헌

『고려사』.

『태조실록』.

『함주지』.

『국역 모은선생실기』.

이재호, 『모은선생고려동약사』, 1981.

이수건, 『영남학파의 형성과 전개』, 일조각, 1995.

허권수, 「모은 이오의 생애와 학행 그리고 그 자손들」, 『함안의 인물과 학문(Ⅶ)』, 함안문화원, 2017.

박한남, 「고려왕조의 멸망」, 『고려후기의 정치와 경제』, 신편한국사19, 국사편찬위원회, 2002.

조선 개국의 선봉장, 남은(南誾)_남재우

"천성이 호탕하고 비범하였으며, 격식이나 관습에 얽매이지 않고 행동이 자유로웠으며, 어릴 때부터 기이한 계책을 많이 냈다." 『고려사』 열전에 보이는 남은의 인물평이다. '독좌(獨坐)'라는 그의 시에서도 그의 성품을 알 수 있다.

> 짧은 세상 풍진에 섞여 살면서
> 오로지 시와 술 다투어 즐기려니,
> 취기가 오르면 유유자적하면서
> 기이한 시로 사람들 놀래 키려네.

그래서 참찬문하부사 강무공(剛武公) 남은은 개국 일등공신으로서 조선 태조의 묘정에 배향되었다.

그러나 "배운 것이 없어 식견이 우매한 때문에 강씨(康氏)가 적통(嫡統)을 빼앗으려는 계책을 찬성하여서, 드디어 정도전 등과 더불어 국권을 마음대로 하여 종친(宗親)을 제거하고자 하다가" 죽었다. 그의 나이 45세였다. 『태조실록』 남은 졸기의 내용이다.

가계와 활동

남은의 증조는 남익저(南益昄), 할아버지는 남천로(南天老), 아버지는 검교시중(檢校侍中) 남을번(南乙蕃), 어머니는 전중(殿中) 최강(崔茳)의 딸이다. 남을번은 모두 4남 3녀를 두었는데, 아들은 남재(南在), 남은, 남실(南實), 남지(南贄)이고, 딸 셋은 유두명, 박리, 최오복에게 시집갔다.

남은은 강릉 김씨 김보손(金寶孫)의 딸과 결혼하여 4남 1녀를 낳았다. 아들은 경우(景祐), 경복(景福), 경지(景祉), 경선(景善)이며, 딸은 이기(李玘)와 결혼했다.

『세종실록』에 기록된 남재의 졸년기사에 '어려서 매우 빈한하였다'고 한 것이나, 남을번이 '아들 남재와 남은이 조선 개국에 공신이었으므로 검교시중에 임명되었다'는 것으로 보아 본래는 번창한 가문이 아니었다. 조선 건국과정에서 남재와 남은이 혁혁한 공을 세우면서 거족으로 발전하였을 가능성이 높다. 남재는 남은과 함께 개국공신 1등에 책봉된 인물로서 1차 왕자의 난 때 죽음을 면했다. 그의 손자 남휘(南暉)는 태종의 넷째 딸 정선공주와 결혼하였고, 낳은 아들이 남이(南怡)장군이다.

| 남재의 손자인 남휘와 그의 부인 정선공주 묘역(창녕군 부곡면)

남은(1354~1398)은 관직을 스스로 청하기도 했다. 우왕 때 사직단직(社稷壇直)으로 있었는데, 왜구의 침입이 잦아지자 삼척군의 수령이 되기를 자청했다. 삼척군에 도착하자마자 적이 침입해 오므로 열 명 남짓한 기병을 거느리고 성문을 열고 돌격해 적을 물리쳤다. 위화도 회군을 주장했고, 비밀리에 이성계를 왕으로 추대하려고 모의하기도 했다. 조선 건국후 개국공신 1등에 책록되었고, 판중추원사 의흥친군위 동지절제사가 되고, 의령군(宜寧君)에 봉해졌다. 삼사좌복야(三司左僕射)가 되어 새 도읍지인 한양의 종묘와 궁궐터를 정했다. 정도전과 함께 진도(陳圖)를 작성하는 등 요동정벌을 계획하기도 했다. 태조 이성계를 도와 이방석을 세자로 책봉하려다가, 1398년 제1차 왕자의 난때 정도전, 아우 남지와 함께 죽임을 당했다. 시호는 강무(剛武)이다.

| 강무공 남은사당(충북 청주시 흥덕구 봉명2동, 의령남씨대종회)

위화도(威化島)에서 회군을 말하다

남은은 위화도회군을 건의했다. 조인옥(趙仁沃) 등과 함께했다. 이미 이성계는 출병 이전부터 네 가지 이유로 전쟁 불가를 주장하였다. 남은은 이성계의 뜻을 따랐던 것이다.

"지금 군사를 동원하는 것이 안 될 이유가 네 가지 있습니다. 첫째, 작은 나라가 큰 나라를 역격(逆擊)하는 것은 안 될 일입니다. 둘째, 여름철에 군사를 동원해서는 안 됩니다. 셋째, 온 나라의 군사들이 원정에 나서면 왜적이 허점을 노려 침구할 것입니다. 넷째 때가 장마철이라 활을 붙여놓은 아교가 녹고 대군이 전염병에 걸릴 것입니다."(『고려사』열전, 우왕14년 4월)

위화도회군은 신진사대부가 마침내 집권세력으로 등장하는 계기가 되었다. 회군은 이성계를 중심으로 하는 신흥 무장세력과 신진사대부의 정치적 이해가 결합된 것이었다. 회군의 명분이 되었던 친명정책은 신진사대부의 외교노선이었기 때문이다. 또한 남은과 조인옥은 조준(趙浚), 윤소종(尹紹宗) 등과 교류하고 있었는데, 조준은 이성계와 긴밀한 관계였다. 따라서 위화도 회군은 신흥무장세력과 현실사회개혁을 지향했던 신진사대부와의 연대로 인해 성공할 수 있었던 것이다. 회군의 성공으로 인해 조선 건국을 위한 세력기반이 마련될 수 있었고, 왕조교체를 위한 일관된 정치노선인 사전개혁과 공양왕 옹립 등이 가능해 졌다.

조선 건국의 선두에 서다

남은은 정도전·조인옥·조준 등과 함께 일찍부터 왕조교체를 모의하고 개혁에도 앞장섰다. 위화도 회군 당시 비밀리에 이성계를 왕으로 추대하려 하였다. 회군한 후에도 이성계의 아들 이방원에게 말하기도 했다.

왕조교체를 위해 몸소 나섰다. 개혁과 왕조교체에 걸림돌이 되는 세력을 축출하기 시작했다. 조민수를 탄핵하는 상소를 올렸다.

간언을 물 흐르듯 순순히 좇는 것은 임금의 덕이며, 임금에게 어려운 일을 권유하는 것은 신하가 임금을 공경하는 태도입니다…그러므로 몇 마디 말로써 간사한 무리들이 이를 갈며 음해하는 화(禍)를 피하지 않고 감히 전하의 밝으신 귀를 더럽히려 합니다. 갑인년(1374년 : 우왕 즉위년)이래로 충신과 의사(義士)가 항상 위성(僞姓)에 대해 이를 갈며 속을 썩이면서도 감히 말을 꺼내지는 못하였습니다. 신우[辛禑, 우왕]의 비정상적인 행위가 나날이 심해져서 드디어 무진년[1388년]에는 요동을 공격하는 거병을 일으켰으나 여러 장수들이 의(義)를 내세워 회군(回軍)하여 우왕을 퇴위시키고 최영을 축출하였으며 종실 중 어진 이를 세우기로 논의하였습니다. 주장(主將) 조민수(曹敏修)는 만세의 법을 돌아보지 않고 많은 사람들의 논의를 극력 저지하고 한 명의 대유(大儒 : 이색)와 모의하여 우왕의 아들 창(昌)을 세우자 충신과 의사의 분노는 더욱 깊고 간절해졌습니다.(『고려사』열전 남은전)

정도전 등과 같은 동지들을 구하는데도 적극 나섰다. 정도전이 대간을 비방했다는 죄목으로 형조의 탄핵을 받아 경북 봉화로 유배되었다. 또한 직첩과 녹권을 회수하고 나주로 귀향보내고, 아들들을 서인으로 강등시켰다. 남은은 그를 구하기 위해 힘써 노력했다. 구할 수 없게 되자 병을 핑계로 사직했다.

공양왕 폐위에도 앞장섰다.

우시중(右侍中) 배극렴(裵克廉) 등이 왕대비의 명을 받들어 왕을 폐위시키려 했는데, 일이 다 정해진 후 우리 태조에게 아뢰니 태조가 노하여 말하기를, "왕을 폐하고 장차 누구를 왕위에 올리려 하느냐?"고 하였다. 남은이 대답하여 말하기를, "우리들이 반드시 밝은 군주를 찾을 것이니 원컨대 걱정하지 마십시오."라고 하고, 드디어 왕을 폐위시켰다.(『고려사』열전 남은전)

조선 건국 뒤 판중추원사 의흥친군위 동지절제사(判中樞院事義興親軍衛同知節制使)가 되고, 개국공신 1등에 책록, 의령군(宜寧君)에 봉해졌으며, 전(田) 200결과 노비 25구를 하사받았다.

일등공신은 배극렴·조준(趙浚)·김사형(金士衡)·정도전(鄭道傳)·이제(李濟)·이화(李和)·정희계(鄭熙啓)·이지란(李之蘭)·남은(南誾)·장사길(張思吉)·정총(鄭摠)·조인옥(趙仁沃)·남재(南在)·조박(趙璞)·오몽을(吳蒙乙)·정탁(鄭擢) 등 16인이다.

요동정벌을 계획하다

조선 건국후 명나라와의 관계는 순조롭지 못했다. 조선을 개국했던 1392년(태조 1) 10월에 정도전은 명나라에 가서 새 나라의 개창을 알렸다. 그런데 다음해인 1393년 5월 명나라 태조는 사신으로 왔던 정도전이 요동정벌을 위해 첩보활동을 펼쳤다며 거세게 비판했다. 하지만 정도전은 그해 11월 격구장에 군사들을 모아 진법훈련을 실시함으로써 명나라의 위협에 굴복하지 않겠다는 의지를 내보였다.

1396년(태조 5)에는 외교적인 분쟁이 심화되었다. 명나라에 보내는 외교문서가 문제가 되었다. 2월 명나라에 보낸 문서에 명나라를 모욕하는 구절이 있다며, 사신들을 억류하고 그 글의 초안자인 정도전을 명나라로 압송하라고 요구하고 나선 것이다. 이에 남은은 북벌을 적극 찬성하며, "사졸이 이미 훈련되었고 군량이 이미 갖추어졌으니, 동명왕의 옛 강토를 회복할 만합니다."라며 태조의 결단을 촉구했다. 1397년(태조 6) 12월 22일 정도전을 동북면 도선무순찰사로 임명하여 요동 정벌에 관련된 구체적인 준비를 시작했고, 의흥삼군부에서는 대대적인 군사훈련을 실시했다.

출병에 대한 반대도 있었다. 조준이었다.

"본국은 옛날부터 사대(事大)의 예를 잃지 않았으며, 새로 개국한 나라로서 경솔하게 이름 없는 군사를 출동시키는 것은 불가합니다. 이해관계로 말하더라도 천조(天朝)가 당당하여 도모할 만한 틈이 없으니, 신은 거사를 해도 성공하지 못할 뿐더러 뜻밖에

변이 생길까 염려됩니다."(『태조실록』11권 태조 6년 6월 14일)

남은은 "몇 말 몇 되를 출납하는 데는 가하지만 큰일은 함께 도모할 수 없는 인물"이라며 조준을 성토했다. 이 일 때문에 남은과 조준은 양립할 수 없게 되었다.

요동정벌계획은 조준 등이 군량부족, 군사훈련 결핍, 민심불안을 내세워 완강하게 반대하여 일시적으로 보류되었다. 1398년(태조 7) 8월에 일어난 「왕자의 난」으로 정도전·남은 등이 살해당하고, 정종이 즉위함으로써 요동정벌계획은 좌절되었다. 명나라에서도 조선을 불신했던 태조가 죽고 태종이 즉위함으로써 대립관계가 해소되고, 새로운 국면을 맞이하게 되었다.

개혁에 앞장서다

천도에도 적극적이었다. 태조 이성계가 새로운 수도의 후보지인 계룡산으로 행차 도중 '재상들은 송경[개성]에 오랫동안 살아서 천도하는 것을 즐겨하지 않을 것'이라 말하니, 남은이 말하였다.

"신 등이 외람되게 공신(功臣)이 되어 높은 지위와 은혜를 입었으니, 비록 새 도읍에 옮기더라도 무엇이 부족하겠으며, 송경(松京)의 토지와 집이 어찌 아깝겠습니까? 지금 이 행차가 이미 계룡산에 가까이 왔으니, 원하옵건대, 성상께서는 가서 도읍을 건설할 땅을 보시옵소서. 신 등은 남아서 초적(草賊)을 치겠습니

다."하였다. (『태조실록』 3권, 태조 2년(1393) 2월 1일 병자)

사병혁파에도 앞장섰다. 당시 왕자들은 각자의 사병을 거느리고 있었다. 그 병력으로 이성계를 지원했고, 왕조교체 뒤에도 사병은 해산되지 않았다. 이것은 왕권을 위협하는 불안한 요소였다. 이에 남은은 태조 이성계에게 사병은 언제라도 반역의 무리가 될 수 있으니 그들을 관군에 편제시켜야 한다고 주장했다. 태조가 사병

| 태조 이성계(민족문화대백과사전)

혁파를 명했지만 왕자들이 반발하자, 회안군 방간, 익안군 방의, 정안군 방원, 흥안군 이제 등의 부하 장수들에게 태 50대로 죄를 물었다.

토지개혁에도 적극 동참했다. 1389년(우왕 15) 5월부터 정도전을 비롯한 신진사대부들은 토지개혁을 통해 고려를 쇄신하려했다. 그해 7월 조준이 토지개혁을 요구하는 상소문을 올린 것을 시작으로, 이행과 조인옥 등이 사전 개혁을 주장하고 나섰다. 남은은 사전개혁의지를 몸소 실천하였다. 1390년(공양왕 2)에 정도전과 함께 기존의 모든 토지 문서를 모조리 불태워버렸다. 다음해인 1391년(공양왕 3)에는 새로운 토지제도인 과전법(科田法)이 반포되었다.

죽음을 맞이하다

태조 이성계를 도와 정도전 등과 함께 이방석(李芳碩)을 세자로 책봉하는 데 적극 참여했다. 하지만 이방원의 반격 [1398년 제1차 왕자의 난]으로 정도전과 함께 살해당했다. 동요 (童謠)로도 남아있다.

예로부터 항간에서 동요가 생기는 것이, 처음에는 아무런 뜻이 없이 무심한 데서 나와 사람의 조작이 개입되지 않고, 순전히 자연 발생하여 나왔다. 때문에 저절로 미리 정하여진 징조에 감통(感通)되어 예언으로 징험되는 바가 틀림이 없었다. 우리 태종조에, "저 남산에 가서 돌을 쪼으니 정(釘) 남은 것이 없다."는 동요가 있었다. 정이란 것은 돌을 쪼는 연장으로서 정(釘)과 정(鄭)의 음이 서로 같고, 나머지 자(字)는 남은(南誾)과 음이 서로 같은데 얼마 후에 남은과 정도전(鄭道傳)이 주사(誅死)되었다.(『연려실기술』 별집 제15권 천문전고 동요)

그의 흔적

태종 이방원이 왕이 된 후 남은을 태조의 배향공신으로 봉하려 했으나 신료들의 반대로 무산되었다. 하지만 세종이 즉위한 뒤 상왕이 된 태종은 자신의 뜻을 관철시켰다. "남은은 죄가 있어도 그 공을 잊을 수 없다."며, 남은을 남재·이제와 함께 태조의 묘정에 배향하고, 남은을 의정부 좌의정으로 증직시켰고, 다시 영의정에 추증하고 의성부원군으로 추봉했다. 태조의 배향공신은 조준, 의안대군, 남재, 이제, 이지란, 남은, 조인옥 7명이다. 조선 왕실에서 공식적으로 남은을 형 남재와 함께 태조의 충신으로 인정한 것이다.

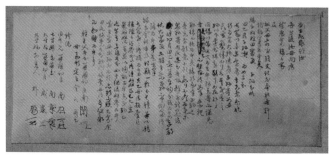

| 남은유서분재기(한국학중앙연구원)

청주 봉명2동 백봉산 자락에 강무사당이 위치한다. '강무'(剛武)는 남은의 시호다. 일설에 의하면 1차 왕자의 난 때 부인 강릉김씨가 손자 남장을 안고 진천으로 도피했고, 그후 10세손인 남홍이 400년전 청주 봉명동에 입향했다고 하나 분명치 않다. 남은의 묘는 용인시 남사면 창리에 위치하고 있다.

남은은 자신이 죽은 뒤 가문의 여러 일처리를 부탁하는 유서를 남겼다. 필사본이지만 원본에 충실하여 사료가치가 높으며, 조선 초기 개인의 재산 상속문서로서는 가장 오래된 것이다. 「남은유서분재기(南誾遺書分財記)」가 그것이다. 조선 초기의 유서로서 역사적인 가치가 매우 크며, 조선 초기의 정치·경제·사회사 연구의 귀중한 자료이다. 유서는 초서체로서 기록되었는데, 총 35행으로, 그 내용이 28줄, 재주(財

主)와 증보(證保)를 밝힌 것이 7줄이다.

내용은 "생사를 기약하기 어려우니, 가산을 골고루 나누어 가지고, 하사받은 전답과 노비를 자손이 소유하며, 조상의 훈업(勳業)을 추모해 언행을 삼가고 제사를 잘 받들 것과 하사받은 금·은대(金銀帶), 은병(銀瓶), 채옥장종(彩玉長種)은 모두 장손의 집에 전수하고, 후손이 없을 때에는 양자를 들여 뒤를 잇도록 하라" 등의 유언이 담겨있다.

문서 뒤에, "재주(財主) 부(父)(手書), 개국공신 남은(南誾)(手決), 모(母) 가순택주김씨(嘉順宅主金氏)(圖書)"가 있으며, 증보(證保)로는 "형 남재(南在), 9촌조카 개국공신 함부림(咸傅林)(手決)" 등 4인의 서명과 수결이 있다.

| 남이장군의 사당인 충무사와 동상(창녕군 부곡면 구산리)

참고문헌

『고려사』 열전 남은전.
『태조실록』 남은졸기.
남재, 『구정유고(龜亭遺稿)』.
박한남, 「고려왕조의 멸망」, 『한국사』 19, 국사편찬위원회, 1996.
『의령남씨세보』, 한국학중앙연구원 소장.